Manfred Sohn

Falsche Feinde

Was tun gegen die AfD?

Ein alternativer Ratgeber

konkret texte 70

KVV konkret, Hamburg 2017
Lektorat: Wolfgang Schneider
Gestaltung & Satz: Niki Bong
Druck: CPI books GmbH, Leck
ISBN 978-3-930786-81-7

Inhalt

1. Eine Zäsur im Parteiensystem?

Die Erfolge der AfD bei den Landtagswahlen
vom 13. März 2016 und ihre Vorboten

A m Tag nach dem Beben« war der Leitartikel der konservativen »Hannoverschen Allgemeinen Zeitung« (»HAZ«) überschrieben.[1] Schon einen Tag vorher hatte die »Bildzeitung« angekündigt, das sei »der Tag, der Deutschland verändert«. Linke Medien, etwa die Zeitschrift »Sozialismus«, sprachen im selben Tenor auch mit dem zeitlichen Abstand einer Monatszeitschrift von einer »Zäsur im Parteiensystem«;[2] die Serie dramatischer Titulierungen ließe sich problemlos verlängern.

Die Tendenz zur Dramatisierung von Ereignissen aller Art ist ein unveräußerlicher Bestandteil der kapitalistischen Medienlandschaft, deren Hauptaufgabe ja nicht in der Aufklärung oder ruhigen Durchdringung von Problemen besteht, sondern darin, möglichst viel vom eigenen gedruckten oder gesendeten Produkt verkaufen, also wieder zu Geld machen zu können. Die auflagensteigernde Dramatisierung der Berichterstattung bezog sich in diesem Fall auf die Ergebnisse der Landtagswahlen in Baden-Württemberg, Rheinland-Pfalz und Sachsen-Anhalt, die allesamt am Sonntag, dem 13. März 2016, durchgeführt worden waren. Das so alarmierende Hauptergebnis dieser Wahlen bestand darin, dass die am 14. April 2013 gegründete, also zu diesem Zeitpunkt nur knapp drei Jahre alte Partei »Alternative für Deutschland« (AfD) völlig mühelos in alle drei Parlamente eingezogen war: In Baden-Württemberg mit 15,1 Prozent und 23 Sitzen, in Rheinland-Pfalz mit 12,6 Prozent und 14 Sitzen und in Sachsen-Anhalt sogar als mit Abstand zweitstärkste Partei mit 24,2 Prozent und 24 Sitzen.

Erledigt war mit diesen Wahlen das Gerede von »großen Koalitionen« auf Landesebene – ein Begriff, der seit 1966 zur Bezeichnung einer Regierungskoalition von CDU/CSU und SPD benutzt wird –; diese beiden Parteien waren allein weder im westlichen Baden-Württemberg noch im östlichen Sachsen-Anhalt in der Lage, eine tragfähige Regierungsmehrheit zusammenzubekommen. Die Schwäche dieser beiden für die bisherige politische Entwicklung der Bundesrepublik Deutschland neben der FDP wesentlichen

---

1 »HAZ«, 14. März 2016.
2 »Sozialismus«, 4/2016, S. 2 ff.

Parlamentsparteien wurde dadurch verschärft, dass in Baden-Württemberg die Partei Bündnis 90/Die Grünen unter Führung ihres alten und neuen Ministerpräsidenten Winfried Kretschmann mit über 30 Prozent der Stimmen erstmals stärkste Partei wurde und in Sachsen-Anhalt die SPD hinter der Partei Die Linke (PdL) mit nur noch 10,7 Prozent auf dem vierten Platz in der Rangliste der etablierten Parteien landete.

Die Verschiebungen im Parteienspektrum fasste der konservative Journalist Stefan Aust mit Blick auf die für Herbst 2017 fälligen Bundestagswahlen in folgender interessanter Rechnung zusammen: »Das Ergebnis der Dreiländerwahl zeigt, wohin der Wind weht. Wenn man einmal die Ergebnisse der drei Länder zusammenrechnet, kommt man auf bemerkenswerte Zahlen. Insgesamt gab es 8.602.952 gültige Stimmen. Davon entfielen 28,5 Prozent auf die CDU, 18,7 Prozent auf die SPD, 20,9 Prozent auf die Grünen, 4,9 Prozent auf die Linke, 7,4 Prozent auf die FDP und 15,5 Prozent auf die AfD. Das muss im Bund nicht so kommen, könnte aber in diese Richtung gehen.«[3] Wahlverlierer waren neben der SPD, die sich immerhin damit trösten konnte, in Rheinland-Pfalz das Amt der Ministerpräsidentin verteidigt zu haben, vor allem die CDU und die Partei Die Linke. Bundeskanzlerin Angela Merkel sprach von einem »schweren Tag für die CDU«, CSU-Chef Horst Seehofer sah gar die »Union in Gefahr«.

Die Partei, der es noch 2009 gelungen war, das bis dahin etablierte Parteiensystem von links aufzumischen, hatte in allen drei Ländern ihre Wahlziele deutlich verfehlt – in beiden westlichen Bundesländern war sie mit jeweils unter drei Prozent weit vor der Fünf-Prozent-Hürde hängengeblieben, und in Sachsen-Anhalt war der Traum von Wulf Gallert, nach Bodo Ramelow in Thüringen zweiter Ministerpräsident in den neuen Bundesländern zu werden, nach zwei Runden mit erheblichen Stimmenverlusten und jetzt nur noch 16,3 Prozent der Stimmen endgültig zerronnen – er zog sich folgerichtig auch vom Fraktionsvorsitz zurück und wechselte, wenn auch erst im zweiten Anlauf, auf den geruhsameren Posten eines Parlamentsvizepräsidenten. Sowohl in diesen drei Ländern als auch hochgerechnet auf den Bund haben sich mit dem 13. März 2016 die schon vorher politisch illusorischen Hoffnungen auf neue SPD/Grüne/Linke-Regierungen auch rechnerisch in Rauch aufgelöst.

Bemerkenswert war die in allen drei Ländern gestiegene Wahlbeteiligung: In Sachsen-Anhalt von 49,9 auf 59,8 Prozent, in Baden-Württemberg

---

3 »Welt«, 15. März 2016, S. 1.

von 65,3 auf 69,7 Prozent und in Rheinland-Pfalz von 60,5 auf 69,4 Prozent. Triumphierend und nicht ganz zu Unrecht wies dann auch die Gewinnerin der Wahlen, die AfD, schon am Wahlabend darauf hin, dass nun durch sie endlich das eingetreten sei, was alle anderen Parteien immer wieder gefordert hätten, nämlich dass die zuvor schweigende und sich zunehmend nicht mehr an Wahlen beteiligende Mehrheit (oder doch starke Minderheit) sich wieder zu den Urnen begab.

Unmittelbar vorher hatte es bei den hessischen Kommunalwahlen ein Warnsignal gegeben – dort hatte die AfD am 7. März 2016 rund 13 Prozent der Stimmen erhalten, obwohl sie gar nicht überall angetreten war. Allerdings war die Wahlbeteiligung dort niedrig gewesen – in Frankfurt betrug sie nur 37 Prozent. Das hatte sich am 13. März deutlich geändert. Damit hatte sich eine in der »Frankfurter Allgemeinen Zeitung« (»FAZ«) leicht arrogant geäußerte Aufforderung von Werner D'Inka in Stimmen für die AfD verwandelt. Er hatte angesichts ihres Erfolgs bei den Kommunalwahlen in Hessen und der dort niedrigen Wahlbeteiligung im Kommentar auf Seite 1 des Blattes gemeint: »Die jetzt über das Ergebnis lamentieren und ›Wie schrecklich‹ über ihrem Latte macchiato murmeln, hätten ja zur Wahl gehen können. Vielleicht ist die Parteienverachtung nämlich doch keine so gute Idee.«[4] Dieser Aufforderung waren am 13. März in Sachsen-Anhalt prompt 101.000 frühere Nichtwähler gefolgt, die nun AfD gewählt hatten, in Baden-Württemberg 209.000 und in Rheinland-Pfalz 80.000.[5] Von keiner Partei hat diese neue Formation so viele Wähler rekrutieren können wie aus dem Lager der Nichtwähler.

Die Ergebnisse in Hessen entlockten der dortigen Grünen-Landesvorsitzenden Daniela Wagner ein qualifiziertes »gruselig«, widerlegten die Mär, vor allem der Osten sei dank DDR-Vergangenheit ein ertragreiches Gebiet für rechte Menschenfischer, und hätten eigentlich dazu führen müssen, dass sich die Überraschung über das, was eine Woche später südwestlich und östlich von Frankfurt am Main in deutschen Wahlkabinen tat, in engen Grenzen hielt.

Zu allzu großer Überraschung hätte – ganz abgesehen von einem Blick über die deutschen Grenzen[6] – auch deshalb bei nüchterner Betrachtung kein Anlass bestanden, als der vermeintliche Durchbruch der AfD am 13. März 2016 sich seit ihrer Gründung abgezeichnet hatte. Begleitet durch zuverlässige mediale Aufmerksamkeit von Anfang an, war sie nicht nur in Um-

---

4 »Kein Anlass für Mahnwachen«, »FAZ«, 8. März 2016.
5 Zahlen nach »Welt«, 15. März 2016, S. 7.
6 Dazu mehr im Kapitel 2.

fragewerten kontinuierlich von drei Prozent im April 2013 über sieben Prozent im Juni 2014, neun Prozent im Oktober 2014 auf zuletzt zwölf Prozent im Januar 2016 geklettert.[7] Von Beginn an deuteten auch ihre Wahlerfolge darauf hin, dass hier eine Formation entstanden war, die es schaffen könnte, aus dem bisherigen Fünf-Prozent-Bereich von Parteien rechts von CDU und CSU aus- und in die Wähler-Stammgebiete der etablierten Parteien einzubrechen.

Noch in ihrem Gründungsjahr hatte die AfD bei den Bundestagswahlen am 22. September 2013 mit 2,06 Millionen Stimmen fast fünf Prozent der Zweitstimmen erreicht – 4,7 Prozent und damit ungefähr genausoviel wie die FDP, die auch dank dem Auftreten dieser neuen Partei erstmals aus dem bundesdeutschen Parlament ausschied. Das war für die AfD ihr bis dato letztes Scheitern an der Fünf-Prozent-Hürde. Gut ein halbes Jahr später, am 25. Mai 2014 standen die Wahlen zum EU-Parlament auf dem Sonntagsprogramm der Republik. Bei damals noch geringer Wahlbeteiligung reichte der Zuwachs von 30.000 Stimmen für ein Ergebnis von sieben Prozent und damit für den Einzug von sieben Abgeordneten in das EU-Parlament. Bei fast zehn Prozent war die AfD wiederum wenige Monate später bei den Landtagswahlen im August 2014 in Sachsen unter ihrer Landeschefin Frauke Petry angelangt.[8] Nur einen Monat später wuchs der Wählerzuspruch bei den gleichzeitig stattfindenden Landtagswahlen in Thüringen und Brandenburg erstmals in den zweistelligen Prozentbereich: 10,6 Prozent bei den Wahlen zum Landtag in Erfurt und sogar 12,2 Prozent für den in Potsdam.

Das »Beben«, von dem nicht nur die »HAZ«, sondern viele andere Medien und Politiker/innen im Frühjahr 2016 sprachen, hatte also eine ganze Serie von Vorbeben gehabt, und wer überrascht tat (oder tatsächlich war), hatte wohl versäumt, sich mit der Entwicklung dieser Kraft, die sich in Deutschland 2013 etabliert hatte, näher zu beschäftigen.

Wo liegen die Wurzeln dieser Partei? Gibt es ein Netzwerk, auf das sie sich außerhalb ihrer eigenen Mitglied- und Wählerschaft stützen kann? Welche Verbindungen gibt es zu politisch ähnlich ausgerichteten Gruppierungen in anderen Ländern? Was charakterisiert die Programmatik der AfD? Wer sind ihre Wähler/innen? Welche Funktion erfüllt sie gegenwärtig im bürger-

---

7 Zahlen jeweils nach Infratest Dimap als Auswertung der Antwort auf die Frage »Wenn am nächsten Sonntag Bundestagswahlen wären, was würden Sie wählen?« – zusammengestellt in der »HAZ«, 14. März 2016, S. 2.
8 Dort übrigens – ohne dem nächsten Kapitel vorzugreifen – m.E. erstmals mit der Forderung nach einer Volksabstimmung über den Bau von Moscheen mit Minaretten in einem landesweiten Wahlprogramm.

lich-parlamentarischen Parteiensystem, und gibt es Hinweise auf ihre mögliche künftige Funktion in diesem Gefüge?

2. Entstehung, Entwicklung und Programmatik der AfD

2.1. Wurzeln und Gründung

Am 9. Oktober 2012 titelte die Tageszeitung »Welt«: »Enttäuschte CDU-Politiker gründen Wahlalternative«. Das Blatt war ein bisschen spät dran – der Gründungsakt der sich damals noch als »Bürgerinitiative Wahlalternative 2013« bezeichnenden Organisation hatte schon einen Monat zuvor, am 15. September 2012, in Bad Nauheim stattgefunden.[9] Die »Welt« wies mit ihrem Titel zum einen auf ein Wesensmerkmal dieser Aktion hin: Tätig geworden waren hier vor allem Funktionäre der konservativen Regierungspartei, die mit dem von ihr eingeschlagenen Kurs unzufrieden waren. Zu den in der Öffentlichkeit auftretenden handelnden Personen zählten der 1941 geborene Alexander Gauland, das »enttäuschte« Mitglied des Vorstands der CDU-Mittelstandsvereinigung Gerd Rabanus, geboren 1952, der zehn Jahre später geborene Hamburger Hochschullehrer Bernd Lucke und der vorher in der »FAZ« und der »Welt« tätige Journalist Konrad Adam, der nur ein Jahr jünger war als der Pensionär Gauland.

Zum anderen machte die Schlagzeile deutlich, dass diese Gründung vom Start weg große Aufmerksamkeit von den dominierenden Medien der Republik erhielt. Zu Recht bemerkte im Frühjahr 2016 Arnold Schölzel, der damalige Chefredakteur der linken Tageszeitung »Junge Welt«, dass aus dem »roten Teppich des Mainstreams für die AfD eine Propagandaautobahn« geworden sei.[10] Der rote Teppich lag schon da, als Gauland und andere mit ihrer Neugründung die parteipolitische Bühne betraten. Der Ort Bad Nauheim ergab sich nicht ganz zufällig. Er liegt in Hessen. Im heutigen Bundesvorstand der Partei agiert Gauland als einer von drei stellvertretenden Vorsitzenden. Neben ihm bekleidet Albrecht Glaser, Jahrgang 1942 und politisch bekannt geworden als finanziell abenteuerlich agierender CDU-Stadtkämmerer von Frankfurt, dieses Amt. Auf diese hessischen Wurzeln kommen wir gleich zurück. Die dritte in der Riege der heutigen stellvertretenden Vorsitzenden

---

9 Soweit im Text oder in weiteren Fußnoten nicht anders angegeben, stützt sich die Darstellung in diesem Kapitel vor allem auf zwei verdienstvolle Bücher: Erhard Crome hat unter dem Titel *AfD. Eine Alternative?* bereits 2015 im Berliner Spotless-Verlag seine Untersuchung über diese Partei vorgelegt. Im selben Jahr erschien im VSA-Verlag Hamburg eine Untersuchung von Alexander Häusler und Rainer Roeser: *Die rechten ›Mut‹-Bürger. Entstehung, Entwicklung, Personal & Positionen der »Alternative für Deutschland«.*

10 »Junge Welt«, 19. April 2016.

ist Beatrix von Storch, ein ehemaliges FDP-Mitglied. Damit wird der engere Führungszirkel bis heute dominiert von ehemaligen Funktionären der beiden rechten Parteien, die die Entwicklung der Bundesrepublik jahrzehntelang geprägt haben.

Die in Bad Nauheim gestartete Initiative fand auch dank der wohlwollenden medialen Unterstützung schnell Resonanz – am 4. Oktober sprach »Spiegel Online« bereits von 3.000 Unterstützungsunterschriften. Auf dieser Basis erfolgte rund ein halbes Jahr später die offizielle Gründung der nun in Parteiform gegossenen Wahlalternative. Zu Parteisprechern wurde neben Lucke und Adam auch Frauke Petry aus Sachsen gewählt. Damit war die westdeutsch verortete Altherrenriege durch eine junge (1975 geborene) Frau aus den neuen Bundesländern ergänzt worden. Im Mai 2013 zählte die Organisation bereits 10.000 Mitglieder. Die Wahlerfolge, die sich schnell einstellten, sind im ersten Kapitel genannt.

Die Wurzeln der Partei, die bei der Gründung noch offen zutage lagen und die durch diese Wahlerfolge verdeckt zu werden drohten, lohnen eine genauere Betrachtung. Zwei der zentral handelnden Figuren – Gauland und Glaser – stammen aus Hessen. Sie sind politisch zu den Zeiten sozialisiert worden, als dort – von 1967 bis 1982 – Alfred Dregger Landesvorsitzender war. Zu dieser Person muss kurz etwas gesagt werden. Dregger, seit 1939 in der Wehrmacht und seit 1940 auch in der NSDAP aktiv, hatte es während des Zweiten Weltkriegs bis zum Bataillonskommandeur gebracht; bis zu seinem Tod wies er ohne Reue und mit einem gewissen Stolz darauf hin, er habe Breslau bis zur letzten Patrone gegen die Rote Armee verteidigt.[11] Dregger begründete eine damals auch in der CDU heftig umstrittene Politik, durch Zuspitzung von Konflikten und Besetzung von Themenfeldern von rechts her Wahlkämpfe zu gewinnen, und wurde auf diese Weise bundesweit zum Wortführer der selbst innerhalb der CDU so bezeichneten »Stahlhelm-Fraktion«. Sie war in der CDU das Maximum an tolerierter programmatischer Nähe zur gleichzeitig im Gefolge der ersten zarten Wirtschaftskrise 1966/67 auftauchenden Nationaldemokratischen Partei (NPD), die in einige Landesparlamente einzog, 1969 aber bei den Bundestagswahlen an der Fünf-Prozent-Hürde scheiterte und mit wieder anziehender Konjunktur auch aus den Landtagen wieder verschwand.

11 Siehe Alexander Gauland im »Tagesspiegel«, 10. Dezember 2012; nach Häusler/Roeser: *Die rechten ›Mut‹-Bürger*, a.a.O., S. 53.

Wichtig für das Verständnis der Beweggründe von Gauland, Glaser und anderen, die zuerst in Hessen, dann anderswo nach jahrelanger Artikulation der Unzufriedenheit mit dem Kurs der CDU nun eine Parteigründung außerhalb der CDU erfolgreich initiierten, ist die Tatsache, dass Dregger mit seinem Zuspitzungskurs in Hessen wahlpolitisch Erfolg hatte, was sich für beide, Gauland wie Glaser, auch persönlich auszahlte: In Anwendung der Rezepte der Stahlhelm-Fraktion siegte Walter Wallmann 1977 in Frankfurt bei den hessischen Kommunalwahlen, errang den Oberbürgermeister-Posten und machte Gauland zu seinem persönlichen Referenten. Nach den von der CDU im vormals »roten« Hessen gewonnenen Landtagswahlen wurde Gauland 1987, weiterhin rechte Hand des nun zum Ministerpräsidenten aufgestiegenen Wallmann, als Staatssekretär Leiter der Staatskanzlei in Wiesbaden. Die Wahlsiege dieser Jahre hat Gauland maßgeblich mitorganisiert, und sie alle folgten einer sich verschärfenden ausländerfeindlichen Agenda. Glaser gehörte denselben Netzwerken an, denen er ein Jahrzehnt später – 1997 – das einträgliche Amt des Stadtkämmerers von Frankfurt verdankte. Beide haben also 2012 mit Hilfe anderer Kräfte ein Konzept realisiert, das sich in ihrem Bundesland bereits bewährt hatte, für das sie aber innerhalb der Bundes-CDU immer weniger Entfaltungsmöglichkeiten sahen. Sie haben eine Partei maßgeblich mitinitiiert, die in Reinform bundesweit das umzusetzen verspricht, was ihr Mentor Alfred Dregger in den sechziger und siebziger Jahren der CDU als Generallinie aufdrängen wollte. Insofern ist die AfD zu erheblichen Teilen die Partei gewordene Stahlhelm-Fraktion der CDU.[12]

Allein aber hätten sie das nicht bewerkstelligen können. Dazu brauchten sie – zumindest vorübergehend – weitere Kräfte, die aus anderen Gründen von der CDU enttäuscht beziehungsweise durch den Niedergang der FDP politisch heimatlos geworden waren. Für diese Kräfte stehen die bei der Parteigründung noch zentralen, aber inzwischen weitgehend in der politischen Bedeutungslosigkeit verschwundenen Namen Lucke, Adam[13] und vor allem Hans-Olaf Henkel, von 1995 bis 2000 Präsident des Bundesverbandes der Deutschen Industrie, langjähriger Förderer der FDP, der mit eigenen und eingeworbenen Spenden und Krediten die Anlauffinanzierung der AfD in erheblichem Umfang überhaupt erst möglich gemacht hatte. Auf seine und

---

12 Die etwas verzweifelte Frage im Titel eines Kommentars in der »FAZ« vom 7. Mai 2016 – »Wo ist der Dregger des 21. Jahrhunderts?« –, die dort an die CDU gerichtet wird, ist insofern anders, als dort gewünscht, beantwortet: Er ist längst wieder da – aber eben ungefragt pöbelnd an der Seite und nicht mehr in der CDU.
13 Anders als Lucke und Henkel ist Adam weiter Mitglied der Partei – dazu mehr im Kapitel 5.

Luckes Rolle und beider Abstieg kommen wir noch zurück. Henkel und andere zunächst der FDP verbundene Persönlichkeiten wandten sich von dieser Partei in zweiter Linie wegen ihres schwindenden Erfolgs, vor allem aber deshalb ab, weil sie sich mit ihren Empfehlungen, gegen die Einführung des Euro zu agieren und wirtschaftspolitisch einen stärker national orientierten Kurs zu verfolgen, nicht durchsetzen konnten.[14] Im Grunde scheiterten sie mit ihrem Versuch, den Wiederaufstieg der FDP auf demselben Weg zu betreiben, wie er südlich der Landesgrenzen, in Österreich, dem Namensvetter FPÖ zu gelingen schien und – wie wir heute wissen – immer besser auch gelang.

Bevor wir auf weitere Entwicklungen eingehen, ist festzuhalten: Die AfD war keine Neugründung aus einem zuvor parteipolitisch nicht verorteten Interessenspektrum heraus. Sie ist eine Ausgründung des deutschnationalen Stahlhelm-Flügels der CDU einerseits und des nationalliberalen FDP-Flügels andererseits. Würden wir an ein Leben nach dem Tode glauben, könnten wir sagen: Von Wolke sieben blicken nun der Ritterkreuzträger Erich Mende (FDP) und der Breslau-Verteidiger Alfred Dregger wohlwollend auf ihre späte gemeinsame Schöpfung herab.

Neben den noch zu behandelnden fundamentalen ökonomischen und, damit zusammenhängend, sozialen Verwerfungen, die den Aufstieg der AfD möglich gemacht haben, hätten die rechten Absplitterungen von CDU und FDP für die erfolgreiche Initialzündung einer neuen Partei vermutlich noch nicht gereicht. Die Gründung konnte sich, wie erwähnt, zum einen auf ein Netzwerk ihr wohlgesonnener Medien stützen, allen voran die Zeitungen des Springer-Konzerns, also vor allem »Welt« und »Bild« sowie die »FAZ«. Hätten diese Blätter die noch ein Vierteljahr nach der Parteigründung lediglich 10.000 Mitglieder der AfD so konsequent totgeschwiegen, wie sie es beispielsweise mit der zeitweise rund 50.000 Mitglieder zählenden Deutschen Kommunistischen Partei (DKP) jahrzehntelang konsequent getan haben, weiter tun und tun werden, solange es irgend geht, hätte es die Wahlerfolge der AfD – jedenfalls in dem sich einstellenden Ausmaß – vermutlich nicht gegeben. Zusätzlich zur wohlwollenden medialen Aufmerksamkeit und zu den vor allem dank der Verbindungen von Henkel reichlich fließenden Geldmitteln konnte sich die AfD aber von Anfang an auf eine tief- und weitreichen-

---

14 Der ehemalige FDP-Bundestagsabgeordnete Frank Schäffler etwa, Mitglied der Friedrich A. von Hayek-Gesellschaft, organisierte im Mai 2011 immerhin ein Drittel der Delegiertenstimmen auf dem FDP-Bundesparteitag für einen Antrag, sich gegen den Willen der damaligen Parteiführung gegen den Euro-Stabilitätsmechanismus ESM zu positionieren.

de Verwurzelung rechter Organisationen – Glaser selbst benutzte den Begriff »Vorfeldorganisationen« – stützen.

Wer die Namen der Mitbegründer der AfD, die 2012/13 die Initiative ergriffen haben, und ihre bis dahin angestammten Wirkungsfelder durchforstet, stößt neben den erwähnten beiden Quellparteien immer wieder auf die Friedrich A. von Hayek-Gesellschaft, die sich der Durchsetzung sogenannter neoliberaler Ideen verpflichtet fühlt, die Initiative Soziale Marktwirtschaft, die den Geist von Ludwig Erhard beschwört, und die fast gleichzeitig mit der AfD angewachsene Protestbewegung »Patriotische Europäer gegen die Islamisierung des Abendlandes« (Pegida). Spätestens seit dem Fast-Einzug in den Deutschen Bundestag im Herbst 2013 haben sich der AfD – mit erheblichen Auswirkungen auf die Auseinandersetzungen innerhalb der Partei in den beiden Folgejahren, wie wir noch sehen werden – auch ganze Kontingente aus kleineren rechten Parteien und Organisationen angeschlossen, die in den Jahren, zum Teil Jahrzehnten zuvor vergeblich versucht hatten, eine wahlpolitisch erfolgreiche Partei ins Leben zu rufen. So sind zum Beispiel innerhalb weniger Wochen 500 frühere Mitglieder der »Bürgerrechtspartei für mehr Freiheit und Demokratie – Die Freiheit« (DF) zur AfD gewechselt.[15]

Der Politikwissenschaftler Georg Fülberth spricht mit einigem Recht vom »vierten Rechts-Abmarsch in der Geschichte der Bundesrepublik«[16] – nach den vorübergehenden Erfolgen des »Bundes der Heimatvertriebenen und Entrechteten« (BHE), der bei den Landtagswahlen in Schleswig-Holstein 1950 über 23 Prozent der Stimmen erreichte, der NPD, die 1967 in mehrere westdeutsche Landtage einzog, und schließlich den Republikanern, die 1992 eine Reihe von Wahlerfolgen mit ihrer Forderung nach einem Stopp der »Asylantenflut« erzielten, bis CDU/CSU und SPD im Jahr 1993 gemeinsam das Asylrecht des Grundgesetzes so zurückstutzten, dass ihrem Anliegen in den Augen vieler Genüge getan war. Von diesen Rechtsformationen ist die AfD aus Gründen, auf die wir noch kommen werden, die bisher mit einigem Abstand erfolgreichste und politisch bedrohlichste.

Der Blick auf die weit- und tiefreichenden Wurzeln der AfD wäre nicht komplett, würde man ihre programmatischen und intellektuellen Stichwortgeber unberücksichtigt lassen. Das Medium, das diese Stichwortgeber bündelt, ist die Wochenzeitung »Junge Freiheit« (»JF«), die gemeinsam mit der

---

15 Zahl nach Häusler/Roeser: *Die rechten ›Mut‹-Bürger,* a.a.O., S. 38.
16 Georg Fülberth: »Vierte Welle«, »Ossietzky« 8/2016.

von ihr so bezeichneten »Asyl-Krise« und der AfD publizistisch an Bedeutung gewonnen hat. Nach eigener Aussage hat der Verlag, der diese Zeitung herausgibt, bis Mai 2016 mehr als 1,5 Millionen Infoblätter über die »Asyl-Krise« verteilt. Neben Angela Merkel werden in diesem Flyer drei Personen mit Namen und Foto herausgehoben und jeweils mit einem Zitat präsentiert, das die wesentlichen Aussagen des Din-A4 großen Faltblatts unterstreichen soll. Professor Dr. Hans Werner Sinn, ehemaliger Leiter des Münchener Ifo-Instituts, wird mit dem Satz zitiert: »Studien zeigen: 65 Prozent der Bevölkerung in Syrien können die Grundrechenarten nicht. Lassen Sie es mich so sagen: Mit den Chefärzten aus Aleppo ist das so eine Sache.« Der Zweite im Bunde ist Dr. Thilo Sarrazin, Mitglied der SPD, der zur Flüchtlingspolitik der Bundesregierung meint: »Das größte Sozialexperiment seit der Russischen Revolution – die größte politische Torheit, die ein deutscher Regierungschef seit dem Zweiten Weltkrieg beging.« Und schließlich wird auch Professor Dr. Hans-Jürgen Papier, bis 2010 Präsident des Bundesverfassungsgerichts, mit seinem am 15. Januar 2016 in der »FAZ« geäußerten Satz zitiert: »Noch nie war in der rechtsstaatlichen Ordnung der Bundesrepublik die Kluft zwischen Recht und Wirklichkeit so tief.«

Sarrazin hat unter diesen dreien eine besondere Rolle. Der durchschlagende Erfolg seines 2010 erstmals erschienenen Buches *Deutschland schafft sich ab. Wie wir unser Land aufs Spiel setzen* bescherte ihm einerseits ein (gescheitertes) Ausschlussverfahren aus der SPD. Der bis dahin bundesweit eher unbekannte ehemalige Berliner Finanzsenator konnte sich andererseits aber über 1,5 Millionen bis Januar 2012 verkaufte Exemplare seines Bestsellers freuen, dem mit den schon im Titel programmatischen Werken *Europa braucht den Euro nicht. Wie uns politisches Wunschdenken in die Krise geführt hat* (2012) und *Der neue Tugendterror. Über die Grenzen der Meinungsfreiheit in Deutschland* (2014) zwei ebenfalls für das anvisierte politische Spektrum idealtypische Publikationen folgten. Beide – AfD und Sarrazin – stärken sich gegenseitig: Der Verkaufserfolg des ersten Sarrazin-Buches machte das potentielle Wählerreservoir einer an diesen Thesen orientierten Partei kenntlich, Sarrazin selbst nahm gleich im ersten Abschnitt seines dritten Buches positiv Bezug auf Äußerungen Gaulands, und Glaser wiederum, der Leiter der AfD-Bundesprogrammkommission, hat, wie noch deutlich werden wird, die in den Buchtiteln formulierten Kernthesen Sarrazins in die Form eines Parteiprogramms gegossen. In Analogie zur oben genannten Reinkarnation der Stahlhelm-Fraktion in Parteiform könnte insofern mit Recht davon gesprochen werden, dass die AfD die in Parteiform gegossene Ausgabe der Sarrazin-Thesen ist und die Käufer von dessen Büchern in Wähler verwandelt hat.[17]

Die »Junge Freiheit« gibt diesen und weiteren Stichwortgebern für die programmatische Entwicklung der AfD breiten Raum und geizt nicht mit wohlmeinenden Ratschlägen – etwa wenn der in Göttingen als Geschichtslehrer an einem Gymnasium tätige fleißige Publizist Karlheinz Weißmann auf die Frage, was man von der AfD noch erwarten könne, empfiehlt: »Fürs erste Geschlossenheit, Disziplin, Angriffsgeist. Fürs zweite die Bereitschaft und die Fähigkeit, ein paar Alpträume unserer Gegner Wahrheit werden zu lassen.«[18]

Die »JF« hat im Wurzelwerk der AfD eine besondere Stellung, auf die kurz eingegangen werden muss. Sie ist für die nationaldemagogische Rechte so etwas wie der kollektive Propagandist, Organisator und Agitator. Alle wesentlichen Persönlichkeiten der rechten Szene kommen in ihr zu Wort, und es gelingt ihr zunehmend, auch das sympathisierende Umfeld einzubeziehen – so zum Beispiel am 3. Juni 2016 in einem Interview mit dem Gründer des Wochenmagazins »Focus«, Helmut Markwort, der dort hinsichtlich der Chancen der AfD bemerkt: »Ich glaube nicht, dass sie so einfach wieder verschwinden wird, wie sich das viele Journalisten und die Altparteien wünschen, die mit wirklich unglaublicher Wucht auf sie einhauen. Ich kann Alexander Gauland folgen, er sagt, sie könnten noch nicht regieren. Aber wenn die AfD demokratiefest ist, dann wird das irgendwann sein wie in Hessen mit SPD-Chef Holger Börner und den Grünen. Erst wollte er eine Dachlatte als Schlagwerkzeug einsetzen – dann hat er mit ihnen koaliert.« Es folgen einige wohlmeinende Ratschläge, wie dieses Ziel erreicht werden könnte.

Gegründet wurde die »JF« 1986 als Schüler- und Studentenblatt mit einer Auflage von 400 Exemplaren von Dieter Stein, der nach wie vor sowohl als Chefredakteur als auch als Geschäftsführer des Betriebs (rund 40 Mitarbeiter) fungiert. Zu ihrem 30. Jahrestag gab die Zeitung eine Sonderbeilage heraus, in der stolz bilanziert wurde, dass die Auflage des seit 1994 wöchentlich erscheinenden Blattes nun bei knapp 25.000 Exemplaren liegt. Abgedruckt war in der Sonderbeilage auch ein ausführliches Grußwort von Peter Gauwei-

17 Die Leser der »Jungen Freiheit« hätten nach einem dort am 17. Juni 2016 veröffentlichten Umfrageergebnis zu 52 Prozent am liebsten Thilo Sarrazin als Nachfolger für Joachim Gauck im Amt des Bundespräsidenten gesehen – gefolgt übrigens von Georg Friedrich, Prinz von Preußen (31 Prozent) – der Kandidat der AfD, Glaser, hatte danach selbst bei den Lesern der »JF« keine Chance.

18 Karlheinz Weißmann: »Der Beginn des 21. Jahrhunderts«, »Junge Freiheit«, 13. Mai 2016, S. 3.

ler (CSU), der 1994 in der ersten Wochenausgabe den illustren Reigen von Interviewpartnern der »JF« eröffnet hatte, zu dem sich unter anderem auch Altbundespräsident Roman Herzog (CDU) und der ehemalige Präsident des Bundesverfassungsgerichts, Ernst Benda (CDU), gesellen sollten. Alle wesentlichen Debatten um den Kurs der nationalen Rechten im allgemeinen und der AfD im besonderen finden sich in diesem Blatt. Das gilt auch für die internationalen Verflechtungen, auf die wir noch zu sprechen kommen; so kam am 3. Juni 2016 auf der Titelseite der damalige Vorsitzende der United Kingdom Independence Party (Ukip), Nigel Farage, unter der Überschrift »Darum ist der Brexit alternativlos« zu Wort.

Wer eine umfassende Chronik der Entstehung und der ersten drei Jahre der AfD schreiben wollte, käme ohne gründliche Lektüre der »JF« nicht weit. Auf die ersten drei Jahre zwischen Gründung der Partei und dem Programmparteitag Anfang 2016 in Stuttgart wollen wir nun nicht in Form einer solchen Chronik, aber doch zur Vervollständigung unseres Überblicks über diese Organisation kurz eingehen, bevor wir uns dann der Wählerbasis der AfD und vor allem dem in Stuttgart verabschiedeten Programm widmen.

2.2. Die ersten drei Jahre:
Von der Professoren- zur offen nationalen Partei

Der von Weißmann in der »JF« empfohlene Angriffsgeist war der Partei durch die Stahlhelm-Fraktion von Beginn an mitgegeben – an Geschlossenheit und Disziplin wird ganz offensichtlich noch gearbeitet. Hans-Olaf Henkel dürfte sich angesichts seiner humanistischen Bildung gelegentlich an Goethes »Zauberlehrling« erinnert gefühlt haben, der die Kräfte, die er rief, schließlich nicht mehr beherrschte. Die Dynamik, die durch die Anfangserfolge ausgelöst wurde, führte weit über die Intentionen der AfD-Mitgründer Henkel, Adam und Lucke hinaus. Sie wollten im Grunde eine gegen Euro und Mindestlohn positionierte Mischung aus Erhard-CDU und Lambsdorff-FDP kreieren und sich dazu der Hilfe von Kräften bedienen, die noch rechts von solchen Positionen verortet waren. Als bei den ersten Landtagswahlen im Westen, an denen sie teilnahm (zur Hamburger Bürgerschaft am 15. Februar 2015), die AfD unter ihren eigenen Erwartungen geblieben und mit 6,1 Prozent der Stimmen nur relativ knapp und als kleinste Fraktion in die Bürgerschaft eingezogen war, meinte Henkel gegenüber der »FAZ«: »Der Erfolg der AfD in Hamburg hätte ohne die öffentliche Wahrnehmung einer zu großen Nähe der Partei zur Pegida noch überzeugender sein können.«[19] Gaulands Antwort war kühl und intonierte den nun folgenden ersten großen Konflikt innerhalb der Partei: »Aber man darf schon mal die Frage stellen: Ist es wirklich klug und richtig, das Wahlprogramm der FDP nachzustellen? Dann wählen die Leute nämlich das Original.«

Im März desselben Jahres forcierten die ostdeutschen AfD-Funktionsträger Björn Höcke (Thüringen) und André Poggenburg (Sachsen-Anhalt) diesen Konflikt, indem sie sich in einer »Erfurter Resolution« als Teil einer »Widerstandsbewegung gegen die weitere Aushöhlung der Souveränität und der Identität Deutschlands« bekannten und einen offenen Schulterschluss mit der Pegida-Bewegung forderten. Henkel und andere sammelten gegen die rasch über 1.000 Unterzeichner/innen zählende »Erfurter Resolution« ihrerseits Unterstützer unter eine als »Deutschland-Resolution« bezeichnete Gegenerklärung, auf deren Grundlage Lucke zwei Monate nach der »Erfurter Resolution« einen »Verein Weckruf 2015« gründete, dem nach kurzer Zeit 4.000 Mitglieder angehörten.

Der Showdown dieser Auseinandersetzung fand am 4. Juli 2015 statt; an diesem Tag übertrumpfte in einer Kampfabstimmung auf dem Parteitag in Essen – wie bislang als offener Parteitag für alle Mitglieder gestaltet – Frauke Petry, Repräsentantin des von Gauland, Höcke, Poggenburg und anderen unterstützten Flügels, als Kandidatin für die Position der ersten Parteisprecherin Bernd Lucke mit 60 gegen knapp 40 Prozent. In der Folge verließen mit Lucke noch im Juli knapp 3.000 Mitglieder die Partei, unter ihnen auch Henkel und mit ihm fünf der sieben Europa-Abgeordneten. Im EU-Parlament ist die Partei seitdem nur noch durch Beatrix von Storch, eine der drei stellvertretenden Parteivorsitzenden, und Marcus Pretzell, Landesvorsitzender in Nordrhein-Westfalen und seit Dezember 2016 Ehepartner der ersten Parteisprecherin, vertreten. Der von Lucke und anderen am 19. Juli 2015 gegründeten Partei »Allianz für Fortschritt und Aufbruch« (Alfa) schlossen sich sofort zwar die anderen fünf Europa-Abgeordneten und weitere Abgeordnete aus Bremen und Thüringen an – wahlpolitisch ist sie aber (vorläufig?) im politischen Abseits verschwunden.

Der als Personalie im Sommer 2015 ausgetragene Konflikt war nur an der Oberfläche und für die dafür üblicherweise empfänglichen bürgerlichen Medien ein Machtkampf zweier ehrgeiziger Menschen. Er führte vor allem

---

19 Wie auch das folgende Zitat von Gauland nach Erhard Crome: *AfD. Eine Alternative?*, a.a.O., S. 17.

zu einer Entscheidung für einen offen deutschnationalen Antritt der Partei. Folgerichtig verschwanden eine Reihe der in der Tradition von Milton Friedman und anderen Monetaristen stehenden Forderungen, wie die nach Abschaffung des Mindestlohns, zuerst aus den öffentlichen Reden der Repräsentanten und im Mai 2016 auch aus der Programmatik der Partei.

In den maßgeblichen deutschen Medien wurde im Verlauf der Entwicklung der AfD vor allem deren Verhältnis zu anderen europäischen Rechtsparteien diskutiert. Auf diese internationalen Verzweigungen gehen wir im dritten Kapitel näher ein. An dieser Stelle sind sie nur insofern interessant, als dass diese Verbindungen oft in der politischen Öffentlichkeit als eine Art Lackmustest für die weitere Entwicklung der Partei betrachtet werden. So thematisierte beispielsweise die »FAZ« am 7. Mai 2016 unter der Überschrift »Le Pen will mit AfD zusammenarbeiten« diese Frage. Dort heißt es, Marine Le Pen wolle sich baldmöglichst mit Frauke Petry treffen, Gauland aber habe gegenüber der »FAZ« gewarnt, »ein solches Treffen würde ›einige Probleme in der Partei aufwerfen‹. Er würde es ›nicht für sehr glücklich halten, wenn wir das jetzt machen würden‹.« Interessant ist an dieser Äußerung das Wörtchen »jetzt«. Die aus der Spaltung entstandene zweiköpfige Restgruppe der AfD im EU-Parlament hat inzwischen ihre dortige Fraktionszugehörigkeit gewechselt. Von der gemäßigt rechten Fraktion der Europäischen Konservativen und Reformisten (EKR) sind Beatrix von Storch und Marcus Pretzell in die EFDD-Fraktion (Europa der Freiheit und der direkten Demokratie) gewechselt, die von der britischen Ukip dominiert wird. Damit sitzen beide nun mit dem Segen der Parteiführung in einer Fraktion mit Frau Le Pen.

Die Koordinaten der Frage »Mit wem kooperiert die deutsche AfD europaweit?« haben sich über die seit ihrer Gründung vergangenen Jahre kontinuierlich nach rechts verschoben. Anfängliche Hemmungen, mit vermeintlichen Schmuddelkindern der politischen Kaste zu spielen, haben die deutschen rechten Alternativen nach und nach abgelegt. Zur anfangs ebenfalls eher skeptisch betrachteten FPÖ sind alle Distanzierungen verschwunden – Petry selbst reiste nach dem ersten Durchgang der österreichischen Bundespräsidentenwahl im Mai 2016 zur Stichwahlparty der FPÖ. Es folgte ein Vorgang, den am 30. Mai 2016 das »Neue Deutschland« meldete: Zwei sächsische AfD-Abgeordnete hatten sich in Budapest mit Gábor Vona, dem Chef der Partei Jobbik (übersetzt mit »Die Besseren« oder »Die Rechteren« im Sinne von »Die Rechtschaffeneren«) getroffen. Sie betonten zwar an-

schließend, dies wäre ohne Kenntnis und Abstimmung mit Fraktion und Par-
tei-gremien erfolgt, und alle gegen sie verhängten Parteiordnungsverfah-
ren würden sie schon im voraus akzeptieren – bis Redaktionsschluss dieses
Buches ist davon aber nichts öffentlich bekannt geworden. Wie auch? Die AfD-
Parteiführung versteht sich mittlerweile, wie Petrys gemeinsamer Auftritt
mit Le Pen, Geert Wilders und anderen Exponenten europäischer Rechtsparteien beim Gipfeltreffen der sogenannten Rechtspopulisten Mitte Januar 2017 in Koblenz gezeigt hat, mit den übrigen Rechtsparteien in Europa prächtig.

    Der entscheidende Aspekt ist wohl der: Die Erfahrung der AfD ist, dass
die vor allem in den sogenannten seriösen Medien getätigten halbherzigen
Versuche, über die Frage der Kontakte zu anderen rechten Parteien eine Art
Vorbehalt gegenüber dieser Partei zu verordnen, wahlpolitisch völlig folgen-
los geblieben sind. Diejenigen, die sich entschieden haben, in der Wahlkabine ihr Kreuz bei der AfD zu machen, interessieren die Vorwürfe, deren Repräsentanten hätten Kontakt zum französischen Front National oder zu den
ungarischen Faschisten, überhaupt nicht; sie werden sich mit deren Positionen zu 95 Prozent vermutlich nie befasst haben (beziehungsweise mit ihnen
einverstanden sein). Bestandteil des Wahlerfolgs der AfD ist ja gerade ihre
demonstrative Verachtung gegenüber den vom politischen und medialen
Establishment der Republik aufgestellten Ge- und Verbotsschildern. Dieses
Verhalten schreckt die Wähler dieser Partei nicht ab, sondern gefällt ihnen
offensichtlich sogar. Damit sind wir bei der Frage: Wer wählt die eigentlich?
Und wie sieht das politische Programm aus, das durch diesen Wahlakt Ge-
staltungskraft zu bekommen droht?

2.3. Die Wählerbasis der AfD
Die Wählerwanderungen von den bis 2013 etablierten Parteien und aus
dem Lager der Nichtwähler/innen wurden bereits erwähnt. Der wahlpoliti-
sche Erfolg der AfD erklärt sich zum einen durch die Mobilisierung von enttäuschten CDU- und FDP-Wählern, die teilweise schon über einen längeren
Zeitraum nicht mehr wählen gegangen waren – das erklärt den hohen Anteil von ehemaligen Nichtwählern. Die Partei gewinnt aber auch in erheblichem Maße Stimmen von Menschen, die vorher SPD oder PdL gewählt hatten. Es handelt sich also wählerpolitisch zwar in erster Linie, aber nicht allein, »um einen Umschichtungsprozess innerhalb des bürgerlichen Lagers«,
wie der bei der PdL-nahen Rosa-Luxemburg-Stiftung angestellte Erhard

Crome 2015 noch hoffnungsvoll schrieb.[20] Bei den drei Landtagswahlen vom 13. März 2016 etwa verlor seine Partei fast 100.000 Wählerstimmen, davon zwei Drittel an die AfD.

Welche Gruppen aber wandern, soziologisch betrachtet, von den anderen Parteien und von den Nichtwählern ab in Richtung »Alternative für Deutschland«? Bereits bei den Bundestagswahlen 2013 analysierte Infratest Dimap, die meisten Wähler/innen der AfD seien männlich und 17 bis 44 Jahre alt – es handelt sich bei dieser Formation also offensichtlich nicht um eine Rentnerpartei. Von den Rentnern wählten damals nur drei Prozent die »Alternative«. Am meisten Zustimmung erhielt sie nach dieser Analyse von Arbeitern, am wenigsten von Erwerbslosen.[21] Letzteres hat sich 2016 offenbar geändert, wie Horst Kahrs für die Zeitschrift »Sozialismus« mit Blick auf die Wahlen im Südwesten feststellte: »Auch in Baden-Württemberg wird sie unter erwerbstätigen Arbeitern mit 28% und unter Arbeitslosen (30%) stärkste Partei.«[22] Dort heißt es unter der Überschrift »Eine neue Partei der Arbeiter und unteren Mittelschichten?« weiter: »Ebenfalls überdurchschnittliche Stimmenanteile erhält sie von Wähler/innen mit Haupt- und vor allem Realschulabschluss, unterdurchschnittliche von Abiturienten und Studierenden. Bei Schulabgängern mit Mittlerer Reife in Sachsen-Anhalt wird die AfD stärkste Partei mit 31%. Keine andere Partei weist ein Wählerprofil auf, welches derart überdurchschnittliche Zustimmung bei Angehörigen der Status-Gruppe ›Arbeiter‹ und der vor allem auf die untere Mittelschicht verweisenden Bildungsabschlüsse zeigt. (...) Die Unzufriedenheit in der unteren Hälfte der Bevölkerung findet sich eher bei der AfD als bei der Linken. Diese hat ihre überdurchschnittlichen Ergebnisse bei Höherqualifizierten und Angestellten.« Auf einige der Gründe, warum Adressat der Bedrohten, Benachteiligten und Unzufriedenen im Lande immer weniger die unter dem Label »Die Linke« auftretende Partei wird beziehungsweise geworden ist, kommen wir im Kapitel vier noch einmal ausführlicher zurück.

Angesichts der Korrelationen zu den Bildungsangaben könnte der herablassende Vorwurf auftauchen, das sei eine Bewegung eher dummer Hinterwäldler – worauf übrigens auch der trotzige Hinweis der Parteispitze der PdL nach der Wahlniederlage vom 13. März hindeutet, in den Städten habe

---

20 Erhard Crome: *AfD. Eine Alternative?*, a.a.O., S. 7.
21 Nach Häusler/Roeser: *Die rechten ›Mut‹-Bürger*, a.a.O., S. 137.
22 Horst Kahrs: »Eine erneute Zäsur im Parteiensystem«, »Sozialismus« 4/2016, S. 3.

die Partei aber besser abgeschnitten. Die referierten Zahlen zu den Bildungsangaben aber sind – worauf Kahrs in seinen Ausführungen selber hinweist – statistisch nicht valide, beruhen also auf einer geringen Zahl von Fallstudien. Daher ist es nicht verwunderlich, wenn hinsichtlich der Europawahlen das Berliner Forsa-Institut zu anderen Ergebnissen kommt: »55% hätten Abitur und/oder würden studieren und die Wirtschaftserwartungen pessimistisch beurteilen. 44% verfügen (...) über ein Haushaltsnettoeinkommen von 3.000 Euro oder mehr. Vor allem Angestellte (62%) und Rentner (34%) fänden Gefallen am eurokritischen Kurs der Partei, Selbständige (20%), Beamte (10%) und Arbeiter (8%) eher nicht. Männer stellen demnach über zwei Drittel (69%) der AfD-Anhängerschaft, Frauen nur 31%. 24% seien Katholiken, 29% Protestanten und 47% konfessionslos. Meist sind sie verheiratet (57%) und leben in Orten mit einer Einwohnerzahl von unter 20.000 (42%).«[23] Und hinsichtlich der sozialen Selbsteinschätzung kommt nach den Ergebnissen derselben Wahlen Infratest Dimap zu dem Ergebnis, 82 Prozent der AfD-Wähler würden ihre persönliche wirtschaftliche Situation als »gut« einschätzen.

Die referierten Zahlen sind – vor allem hinsichtlich des Altersdurchschnitts der Anhängerschaft, ihres formalen Bildungsabschlusses und ihrer Stellung in der gesellschaftlichen Einkommenshierarchie – widersprüchlich. Auch die Hinzuziehung weiterer Untersuchungen, die von Wahlerfolg zu Wahlerfolg umfangreicher und häufiger geworden sind, ändert an diesem Bild nichts Wesentliches. Zum Teil liegt das daran, dass durch die ersten Wahlerfolge gesellschaftliche Gruppen auf diese neue Partei aufmerksam wurden, die sie vorher, salopp gesprochen, in ihrer Mehrheit noch nicht auf dem Schirm hatten. Zum Teil erklärt es sich aus der zunehmenden Zerklüftung und Segmentierung der kapitalistischen Gesellschaft am Beginn des 21. Jahrhunderts. Um Charakter und Funktion dieser Partei zu begreifen, nutzen diese Wähleranalysen nicht viel. Sie geben lediglich Hinweise auf die Gruppierungen, unter denen die Resonanz der Ansprache der AfD-Funktionäre besonders stark ist. Bei allen Widersprüchlichkeiten und bei aller Dynamik, die in der Entwicklung dieser Partei schon hinter uns und vermutlich noch vor uns liegen, lässt sich zum Jahresende 2016 zumindest folgendes festhalten:

- Sowohl Partei als auch Wählerschaft sind männlich dominiert.
- Sie gewinnt Anhänger/innen sowohl aus dem Lager derjenigen, die

---

23 Zitiert nach Häusler/Roeser: *Die rechten ›Mut‹-Bürger*, a.a.O., S. 140 f.

in den letzten Jahrzehnten sozial deklassiert wurden (Arbeitslose, prekär Beschäftigte) – das zeigt sich bei den letzten Wahlen in zunehmendem Maße –, als auch aus dem Lager derjenigen, die ihre Lage noch für gut halten, aber pessimistisch auf die künftige Entwicklung blicken.

• Gemeinsam ist den AfD-Anhängern die aus verschiedenen aktuellen Anlässen gespeiste Enttäuschung über die gegenwärtigen Verhältnisse.

Wir haben in den bisherigen Abschnitten den Aufstieg dieser Partei nachgezeichnet, einen Blick auf ihre nationalen Wurzeln geworfen und uns mit ihrem inzwischen bundesweit auf rund fünf Millionen Menschen angewachsenen Wählerpotential befasst. Wer versucht, daraus bereits eine Strategie zum Eindämmen der mit der AfD deutlich gewordenen gesellschaftlichen Radikalisierung abzuleiten, indem er etwa Teile ihrer nationalen Verankerungen lautstark anprangert oder scheinbar abtrünnige Wählergruppen durch spezifische Angebote zu den etablierten Parteien zurückholen möchte wie verlorene Schafe, wird den Ereignissen und der weiteren Entwicklung dieser politischen Formation hilflos hinterherhecheln. Vor der Ausarbeitung einer Strategie, die diesen Namen verdient, gibt es noch einiges zu erledigen. Vor allem müssen wir begreifen, welche Triebkräfte die AfD so stark gemacht haben und welchen Charakter diese so erstarkte Gruppierung hat. Um den Charakter einer Partei zu begreifen, ist es unerlässlich, sich mit ihrem selbstgegebenen Programm intensiver zu beschäftigen. Das wird zwar ebenfalls noch nicht reichen, um Charakter und vor allem Funktion einer solchen Organisation richtig einzuschätzen – aber es ist auf dem Weg zu diesem Ziel ein notwendiger Schritt.

Bevor wir zum Begreifen von Charakter und Funktion der »Alternative für Deutschland« Blicke über den geographischen und zeitlichen Tellerrand werfen, innerhalb deren die deutschen Debatten um die AfD größtenteils leider noch verbleiben, schauen wir uns daher das auf ihrem Stuttgarter Parteitag am 30. April und 1. Mai 2016 verabschiedete Grundsatzprogramm an.

2.4. Das Grundsatzprogramm[24]

2.100 Mitglieder der Partei hatten sich Ende April/Anfang Mai 2016 für ein Wochenende in der Stuttgarter Messehalle versammelt, um ihr erstes Grundsatzprogramm zu beschließen. Entworfen hatte es die Bundesgrundsatzkom-

---

24 Alle folgenden Zitate, soweit nicht anders angegeben, aus dem »Programm für Deutschland«, abgerufen auf der Homepage der AfD am 2. Juni 2016.

mission unter Leitung von Albrecht Glaser, stellvertretender Vorsitzender der AfD und seit dem Stuttgarter Parteitag auch chancenloser Kandidat für die Nachfolge von Joachim Gauck als Bundespräsident.

Von einer Reihe von Änderungen in Details abgesehen, von denen die Medien bundesweit vor allem diejenigen transportierten, die Positionen zum Islam betrafen, wurde dieses Programm weitgehend unverändert und mit großer Mehrheit so angenommen, wie von Parteivorstand und Kommission beantragt. Von der zuvor beschrienen Spaltung oder dem Chaos, das angesichts eines als Mitgliederversammlung gestalteten Parteitags unausweichlich sei, war danach keine Rede mehr, so dass der Kommentar im »Handelsblatt« am 2. Mai etwas zerknirscht mit »Gekommen, um zu bleiben« überschrieben war.

Es wäre leicht, einige Passagen aus diesem Programm heranzuziehen, um den reaktionären Charakter dieser Partei nachzuweisen. Das wird, weil längst vielfach erledigt, hier nicht auch noch einmal geschehen. Es würde zudem nichts nützen. Der frühere Fraktionsvorsitzende der PdL, Gregor Gysi, äußerte am 26. Mai 2016 in der »HAZ«: »Es schockiert mich, dass auch Arme, Abgehängte und Arbeitnehmer die AfD wählen. Leider haben sie vermutlich nie das Programm der AfD gelesen. Dann würden sie schnell feststellen, dass sich dort viele neoliberale unsoziale Abenteuer verstecken, die ihnen nur schaden.«[25] Wir werden darauf in den folgenden Abschnitten achten. Schon hier sei aber bemerkt: Wer glaubt, schon die Propagierung der Programmlektüre sei ein Abwehrmittel gegen den weiteren Aufstieg der AfD, wird ähnlich erfolgreich sein wie diejenigen, die nach den hessischen Landtagswahlen davon ausgingen, dass ein Anstieg der Wahlbeteiligung zur Entzauberung der AfD beitragen würde.

Wir werden das Programm also nicht als Steinbruch für griffige Agitation verwenden, sondern vor allem dazu, den Charakter dieser Partei besser zu verstehen, bevor wir auf dieser Grundlage dann im nächsten Kapitel ihre Querverbindungen zu ähnlichen Organisationen in anderen kapitalistischen Ländern nachzeichnen und so vorbereitet die historischen Voraussetzungen, unter denen sie sich entfalten, untersuchen. Erst das wird uns in die Lage versetzen, die AfD wie ähnliche Erscheinungen in anderen europäischen Ländern und den USA auf den Begriff zu bringen.

Zunächst ist das Programm ordentlich geschrieben und strukturiert – wie es sich gehört: mit leicht pathetischer Präambel, Aussagen zu allen wich-

---

25 Übrigens drei Tage bevor das verabschiedete Programm veröffentlicht war.

tigen politischen Feldern und am Schluss einigen Lumpensammler-Kapiteln, in denen alles drinsteht, was auf Spezialgebiete einiger besonders engagierter, aber nicht besonders einflussreicher Parteimitglieder hindeutet.

Öffentlich haben vor allem die Passagen zum Islam, zur Einwanderung, zur Integration und zur Asylpolitik Resonanz gefunden. Dröhnender als die Sätze zu diesen Themen, die in der Presse-Berichterstattung breiten Raum eingenommen haben, ist jedoch die Stille angesichts der wichtigsten Frage des 21. Jahrhunderts. Es gibt im gesamten Programm keinen Abschnitt zum Thema Frieden. Das Wort taucht in keiner Überschrift oder Unter-Überschrift auf und im Text nur im historischen Rückblick beziehungsweise im Zusammenhang mit »Sicherheit«. Ausführlich wird dagegen im Abschnitt 4 ein Aufrüstungsprogramm dargelegt: Rückkehr zur allgemeinen Wehrpflicht, Stärkung der Bundeswehr, die »mit der Weltspitze Schritt zu halten« habe. Während ansonsten der »schlanke Staat« beschworen wird, heißt es hier (Abschnitt 4.4.1.): »Sicherheit und Freiheit Deutschlands und seiner Verbündeten sind im Finanzhaushalt mehr als heute angemessen zu berücksichtigen. Umfang und Ausrüstung der Streitkräfte müssen sich nach deren Aufgaben und den außen- und sicherheitspolitischen Erfordernissen richten.«

Mit welchem Ziel wird dieses Aufrüstungsprogramm verknüpft? Die Antwort auf diese Frage verdient größere Befürchtungen als andere prominent gewordene Passagen des Textes. Nachdem davon die Rede gewesen ist, »die militärischen Fähigkeiten der deutschen Streitkräfte wieder [!, M.S.] herzustellen, um Anschluss an die strategischen und operativen Erfordernisse zu finden«, heißt es weiter: »Diese (...) Wiederherstellung soll nicht nur die Landesverteidigung (...) sicherstellen, sondern die deutschen Streitkräfte auch in erforderlichem Maß zur Bündnisverteidigung und Krisenvorsorge befähigen.« »An der Weltspitze« kann eine Armee ohne Kernwaffen nicht mitspielen. Krisenvorsorge ist ein Synonym für weltweiten Truppeneinsatz. Wer eins und eins zusammenzählen und lesen kann, weiß, was da Programm geworden ist.[26]

14 Kapitel umfasst das Papier nach der Präambel:
- Demokratie und Grundwerte
- Europa und Euro
- Innere Sicherheit und Justiz

---

26 Insbesondere zu den militärischen Zielsetzungen und auch zu den personellen Verbindungen von AfD und Bundeswehr ist die im Netz verfügbare Analyse der Informationsstelle Militarisierung (IMI) e.V. mit dem Titel *Die AfD als Partei des (alten) deutschen Militarismus* hilfreich.

- Außen- und Sicherheitspolitik
- Arbeitsmarkt und Sozialpolitik
- Familien und Kinder
- Kultur, Sprache und Identität
- Schule, Hochschule und Forschung
- Einwanderung, Integration und Asyl
- Wirtschaft, digitale Welt und Verbraucherschutz
- Finanzen und Steuern
- Energiepolitik
- Natur- und Umweltschutz, Land- und Forstwirtschaft
- Infrastruktur, Wohnen und Verkehr

Wir werden nicht jedes dieser Kapitel referieren und kritisieren, aber doch versuchen, aus dem Programm die wesentlichen Charakteristiken der Partei abzulesen. Dazu ist bereits die Präambel hilfreich, die das Selbstbild gleich in den ersten drei Sätzen zusammenfasst: »Wir sind Liberale und Konservative. Wir sind freie Bürger unseres Landes. Wir sind überzeugte Demokraten.«

Der erste Satz bekräftigt die bereits beschriebene Herkunft des Projekts AfD aus dem Lager von FDP und CDU, der zweite definiert den Wirkungsraum und der dritte kann wohl auch als Schutzbehauptung gegen die Vorwürfe verstanden werden, die AfD sei eine verkappte Nachfolgeorganisation der NS-DAP. Die AfD-Mitglieder haben sich entschieden, heißt es in dem Text weiter, »Deutschland (...) eine echte politische Alternative zu bieten«. Sie seien offen gegenüber der Welt, »wollen aber Deutsche sein und bleiben«. Die vorletzten beiden Absätze der Präambel machen deutlich, dass sich die AfD ausdrücklich nicht als eine systemüberwindende Kraft versteht – weder hinsichtlich des Wirtschafts- noch des politischen Systems – und dass ihr Fixpunkt eine Beteiligung an der Regierung dieses Landes ist: »Unsere Ziele werden Wirklichkeit, indem wir den Staat und seine Organe wieder in den Dienst der Bürger stellen, so wie es der im Grundgesetz geregelte Amtseid aller Regierungsmitglieder vorsieht« – es folgt der Regierungseid. Das »wieder« greift die bis in die deutsche Linke reichende Träumerei auf, früher, in den fünfziger oder den siebziger Jahren, zu Zeiten der Regierungen von Ludwig Erhard oder Willy Brandt, sei irgendwie alles in Ordnung, jedenfalls aber besser gewesen, und das müsse wiederhergestellt werden – eine, wie zu zeigen sein wird, angesichts der Dynamik des kapitalistischen Systems gegenstandslose Träumerei.

Wir halten fest: Die AfD ist eine auf Regierungsbeteiligung innerhalb der bestehenden Strukturen drängende Partei.

Meist sagt die Reihenfolge eines Programms etwas aus über die Prioritäten, die eine Partei zumindest setzen möchte, auch wenn die politische Realität oder die durch Medien erfolgten Setzungen diese Reihenfolge verändern. Für das Selbstbild einer Organisation ist die Reihenfolge ihrer Programmpunkte von Bedeutung.

»Deutschlands Staatsapparat«, heißt es im ersten Abschnitt, habe »inzwischen ein ungutes Eigenleben entwickelt«. Es habe sich eine »Klasse von Berufspolitikern herausgebildet, deren vordringliches Interesse ihrer Macht, ihrem Status und ihrem materiellen Wohlergehen gilt«. Mit dem »inzwischen« taucht das bereits erwähnte »wieder«-Motiv erneut auf. Gesprochen wird hier wie an anderer Stelle von einer »Klasse« von Berufspolitikern. Das ist ein abstruser Klassenbegriff, der auch an keiner Stelle des Programmtextes definiert wird. Eine Klasse ist jedenfalls in marxistischer, von Lenin präzisierter Begrifflichkeit durch die Stellung der ihr zugehörigen Menschen zu den Produktionsmitteln einer Gesellschaft definiert: Wer Produktionsmittel besitzt und andere, die keine besitzen, zwingt, ihm ihre Arbeitskraft zu verkaufen, um leben zu können – sie also mit Hilfe dieser Produktionsmittel ausbeutet –, gehört zur Klasse der Kapitalisten oder der Bourgeoisie; diejenigen, die – unabhängig von der Höhe des Einkommens, solange sie von diesem Einkommen und nicht vorwiegend von Kapitaleinkünften leben – ihre Arbeitskraft verkaufen müssen, gehören zur Arbeiterklasse oder dem Proletariat. Diejenigen, die zwar Produktionsmittel besitzen, aber nur in so geringem Umfang, dass sie selbst mit ihnen tätig sein müssen, um nicht zum Proletariat zu gehören, gehören zum Kleinbürgertum. Das ist eine klare, nach wie vor hohe Erklärungskraft aufweisende Strukturierung einer Gesellschaft. Die Anwendung des Begriffs »Klasse« auf alle und jeden (vorrangig solche, die man selbst nicht mag) unabhängig von dieser klaren Zuordnung ist auch innerhalb der nichtmarxistischen Linken inzwischen weit verbreitet und gedankenlos. Sie besitzt wenig Erklärungskraft. Dem, was hier beschrieben und gemeint wird, angemessen ist der Begriff »Kaste«. Das ist – nach dem Fremdwörterduden – eine »sich gegenüber anderen Gruppen streng absondernde Gesellschaftsschicht«, die in diesem Fall zwar keine Produktionsmittel besitzt, aber zum Nutzen der herrschenden Kapitalistenklasse fungiert. Dieser Begriff wird im folgenden auch für diese Gruppe von Menschen verwendet.

Auf diese Weise gegen den Strich gelesen, hat der erste Abschnitt des Programms hohe Plausibilität und erklärt im übrigen auch die Wehrlosigkeit namentlich der PdL-Funktionäre gegenüber dieser neuen Konkurrenz.

Bevor wir dazu kommen, ist aber noch auf weitere bemerkenswerte Passagen im ersten Kapitel des Programms hinzuweisen. Die AfD will Volksabstimmungen »nach Schweizer Vorbild« durchsetzen. Am Schluss des entsprechenden Abschnitts taucht ein Satz auf, der im gesamten Programm nicht wiederholt wird: »Die Einführung von Volksabstimmungen nach Schweizer Vorbild ist für die AfD (…) nicht verhandelbarer Inhalt jeglicher Koalitionsvereinbarungen.« Die Zielvorgabe »Regierungsbeteiligung« wird hier also mit einer roten Linie verbunden.

Der Abschnitt »Schlanker Staat für freie Bürger« will den Staat auf die »vier klassischen Gebiete« Innere und Äußere Sicherheit, Justiz, Auswärtige Beziehungen und Finanzverwaltung zurückführen – enthält also ein Bekenntnis zum Manchesterkapitalismus beziehungsweise zu einem liberalen Nachtwächterstaat. Das wird im weiteren Text des Programms allerdings reichlich durchlöchert. Es folgen einige scharfe Abgrenzungen zur marxistischen Geschichtsphilosophie und andere interessante Aussagen, die wir hier aber zunächst vernachlässigen. Das Hauptaugenmerk liegt auf dem Anprangern der politischen Kaste. Die Autoren bemerken richtigerweise, dass das Prinzip der Gewaltenteilung von der Staatsmaschine selbst nicht ernst genommen werde, weil ja auch Minister, parlamentarische Staatssekretäre und Ministerpräsidenten von Thüringen bis Schleswig-Holstein neben ihrem Amt ihre Abgeordnetenmandate meist behalten. Die Allmacht der Parteien sei zu beschränken, weil sie »Ursache der verbreiteten Politikverdrossenheit« sei. Korrekt, wenn auch die Vergangenheit ein wenig glorifizierend, stellt das Programm fest: »Die Abgeordneten unserer Parlamente haben ihre Funktion als Mandatare der Bürger verloren. Ihre Loyalität gilt zuerst der politischen Partei, der sie angehören. Von ihr erhalten sie ihre Wahlchancen, und ihre Wahl sichert typischerweise ihren Lebensunterhalt.« Diese Entwicklung habe sich insbesondere durch die 1959 eingeführte staatliche Parteienfinanzierung verschärft, die Parteiapparate und Fraktionen zu einem weitverzweigten Geflecht von Abhängigkeiten habe werden lassen.

An diesem Punkt haben die Programmautoren recht: Zu dem beschriebenen System gehören außer den knapp 2.500 Abgeordneten[27] als seinem Kern die allein 7.000 Mitarbeiter/innen der Bundestagsfraktionen und dazu die der Landtagsfraktionen, die parteinahen Stiftungen, die Parteien selbst,

---

27 Neben den knapp 600 Bundestagsabgeordneten, aus denen wegen der Überhangmandate nach den nächsten Wahl voraussichtlich 700 werden, noch gut 1.700 Landtagsabgeordnete.

die pro Wählerstimme steigende Staatszuwendungen kassieren. Für die Parteien, die im Zentrum der politischen Einbindung der Bevölkerung in das gegenwärtige System stehen, stelle der Staat, so die AfD, 600 Millionen Euro jährlich bereit. Das ist richtig und wird nicht dadurch falsch, dass es insbesondere von Angehörigen der rund 50.000 Menschen dieses Landes umfassenden politischen Kaste heftig bekämpft wird.[28] Das Hauptproblem der AfD besteht nicht darin, dass diese Aussagen falsch wären. Ihr Hauptproblem wird zunehmend darin bestehen, dass mehr und mehr Finger der anklagend auf die genannte Personengruppe gerichteten Hand auf sie selbst zurückweisen. Schon 2015 kassierte die Partei 5,2 Millionen Euro staatliche Zuschüsse, was die Mitgliedsbeiträge ihrer inzwischen 20.000 Mitglieder deutlich überstiegen haben dürfte, und es ist nicht bekannt, dass einer ihrer Landtagsabgeordneten auf seine Diäten verzichtet hätte. Hans-Olaf Henkel hätte das, blickt man auf seine Einkünfte aus dem Europa-Mandat, publikumswirksam leicht tun können – aber der ist bekanntlich nicht mehr dabei.

Angesichts der Heftigkeit der Vorwürfe und der peniblen Berechnung des Umfangs der an die politische Kaste fließenden Mittel fällt auch an dieser Stelle des Programms eine dröhnende Stille auf: Über die wirklichen Großverdiener dieser Gesellschaft, die Klasse der Produktionsmittelbesitzer, ist weder hier noch an anderer Stelle etwas gesagt. Die besagten 600 Millionen sind ja eine eher unter manchen Erwartungen liegende Rendite etwa für die Aldi-Familie oder andere Milliardäre im Land, die davon leben, dass ihnen Tausende schlecht bezahlter Kassierer/innen oder Bandarbeiter/innen Geld in die Kassen spülen. Hier wäre das Wort vom »weitgehend verdeckten System«, das die AfD auf die politische Kaste anwendet, viel angemessener – aber davon ist im gesamten Programm kein Sterbenswörtchen zu entdecken.

Wir halten fest: Die AfD lenkt die wachsende Verärgerung über die bestehenden Verhältnisse mit unbestreitbaren Belegen statt auf die kapitalistischen Verhältnisse selbst auf die diesem System verpflichtete politische Kaste, deren Teil zu werden sie selbst so energisch anstrebt.

Der zweite große Abschnitt des AfD-Programms befasst sich mit »Europa und Euro«. Die alte Europäische Wirtschaftsgemeinschaft (EWG) wird

---

28 Diese genauso vorsichtige wie grobe Schätzung errechnet sich wie folgt: Zu den erwähnten rund 8.000 staatlich besoldeten Parteigängern in und um den Deutschen Bundestag kommt die erwähnte, zur Zeit 1.739 Menschen umfassende Truppe von Landtagsabgeordneten, zu denen jeweils etwa drei weitere Besoldete gerechnet werden müssen, dazu die überwiegend aus staatlichen Mitteln bezahlten Partei- und Stiftungsfunktionäre sowie die Würdenträger in den großen Kommunen beziehungsweise Landräte, die, wie ihre Assistenten, ebenfalls von staatlichen Zuwendungen leben.

gelobt, die »im westlichen Europa über Jahrzehnte (1957 bis 1993) zu Frieden und Prosperität beigetragen« habe. Die AfD plädiert im Sinne einer Rückkehr zu dieser Konstruktion dafür, »das Subsidiaritätsprinzip konsequent beizubehalten und Kompetenzen an die Nationalstaaten zurückzugeben«. Das »Experiment Euro« sei geordnet zu beenden – und zwar »unverzüglich«. Eine »Bundesregierung mit AfD-Beteiligung« müsse die entsprechenden Vereinbarungen kündigen. Die »deutsche Haftung für ausländische Banken« müsse beendet, die Bankenaufsicht »vollständig in nationale Hände« zurückgegeben werden. »Als Partei der sozialen Marktwirtschaft will die AfD erreichen, dass in letzter Konsequenz Insolvenzen von Banken ohne Beteiligung des Steuerzahlers möglich sind« – eine Forderung, die von Kräften, die unter dem Label »links« versuchen, das kapitalistische System vor seiner eigenen Dynamik zu retten, bekanntlich ebenfalls erhoben wird.

Wir halten fest: Die AfD will ohne Infragestellung kapitalistischer Bewegungsgesetze die Wirkung dieser Gesetze – so wie vermeintlich in den fünfziger und sechziger Jahre geschehen – im Rahmen der bürgerlichen Nationalstaaten einhegen. Das wäre das Ende der EU und des Euro.

Der dritte Abschnitt des Programms befasst sich mit der Inneren Sicherheit und der Justiz. Er enthält eine Sammlung von bekannten Forderungen rechter Parteien aller Schattierungen mit einer überraschenden Zugabe: der Thematisierung des Waffenrechts. »Die AfD«, heißt es dort, »widersetzt sich jeder Einschränkung von Bürgerrechten durch eine Verschärfung des Waffenrechts.« Eine solche wäre ein »weiterer Schritt (...) in den umfassenden Überwachungs- und Bevormundungsstaat«.

Ansonsten: Ausbau des Polizeiapparats, Senkung der Strafmündigkeit auf zwölf Jahre, härtere Strafen für »Angriffe auf Amtspersonen«, »Opferschutz statt Täterschutz« und »kein Datenschutz für Täter«. Soviel zum »Überwachungsstaat«. Bereits hier vermischen sich die Forderungen mit Überlegungen zur Abgrenzung zum Ausland: »Der erhebliche Anteil von Ausländern gerade im Bereich der Gewalt- und Drogenkriminalität begegnet derzeit nur halbherzigen ausländerrechtlichen Maßnahmen, insbesondere können sich ausländische Kriminelle sehr häufig auf Abschiebehindernisse berufen und sind auf diese Weise vor Abschiebung sicher.« Und wenig später heißt es: »Die Mehrzahl der Täter im Bereich der organisierten Kriminalität sind Ausländer.« Zur Absicherung der Außengrenzen soll ein flächendeckender deutscher Grenzschutz unter dem Dach der Bundespolizei errichtet, sollen betriebsbereite Grenzübergangsstellen installiert und soll nach österreichischem Vorbild auch die Bundeswehr zur Grenzsicherung herangezogen werden können.

Wir halten fest: Die AfD ist eine Partei der massiven Aufrüstung bewaffneter Staatskräfte im Inneren, der offenen Frontstellung dieser Kräfte gegen Ausländer/innen, der Förderung der Selbstbewaffnung von gewaltbereiten deutschen Bürgern und der Vorbereitung der militärischen Abschottung der Außengrenzen.

Damit leitet das Programm zum vierten Kapitel über, der Außen- und Sicherheitspolitik, auf die wir am Anfang dieses Abschnitts bereits kurz eingegangen sind. So wie das Vorkapitel das eines Aufrüstungsprogramms nach innen ist, enthält dieser vierte Abschnitt das Programm der alten CDU-Stahlhelm-Fraktion, ist also eines der Aufrüstung nach außen, verknüpft mit der Absicht, künftig global tätig zu werden.

Mit Gregor Gysis Empfehlung der Lektüre dieses Programms im Hinterkopf kommen wir zum fünften Abschnitt, welcher der Arbeitsmarkt- und Sozialpolitik gewidmet ist. Zwar finden sich dort auch noch einige der alten Glaubensbekenntnisse von Henkel und Lucke, aber unter der Überschrift »Mindestlohn beibehalten« eben auch die schon in den dreißiger Jahren bewährte Verknüpfung von scheinbar sozialen mit nationalen Positionen: »Der gesetzliche Mindestlohn korrigiert (...) die Position der Niedriglohnempfänger als schwache Marktteilnehmer gegenüber den Interessen der Arbeitgeber als vergleichsweise starke Marktteilnehmer. Er schützt sie auch vor dem durch die derzeitige Massenmigration zu erwartenden Lohndruck.« Vor allem aber wird in diesem Abschnitt ein deutlicher Akzent auf Forderungen gelegt, die die Wählerbasis in Richtung auf junge Familien erweitern könnten, zumal sie sich in dieser Klarheit in keinem anderen Programm größerer Parteien gegenwärtig finden: »Familien sind gegenüber Kinderlosen in dramatischer Weise finanziell benachteiligt. Familienarmut und eine anhaltend niedrige Geburtenrate sind die Folge. (...) Es ist Zeit, die Leistung der Eltern finanziell und ideell anzuerkennen.«[29] Für dieses Ziel werden eine Reihe plausibler Forderungen entwickelt, etwa die Berücksichtigung der Kinder- und Erziehungsleistung bei der Rente, die Aufwertung der Pflege durch Angehörige

---

29 Einer der Gründe der offensichtlichen Wehrlosigkeit der Linken in dieser Frage liegt in ihrer völligen Abwehr auch nur einer Diskussion der demographischen Problematik, was sich etwa in der reflexartigen Ablehnung des vermeintlich zwangsläufig Völkischen einer jeden Forderung nach Familienförderung zeigt. Der Autor dieses Buches hat mehrfach versucht, diesem Reflex analytisch entgegenzuwirken und zu zeigen, dass die demographische Schrumpfung letztlich immer auch ein Symptom untergehender Gesellschaftsformationen ist – vgl. zum Beispiel die in der »Jungen Welt« am 17. und 18. Februar 2003 veröffentlichte Serie zu diesem Thema.

oder die Einführung eines »Familiensplittings« analog dem heutigen Ehegattensplitting, nach dem »die Gesamtfamilie als Erwerbsgemeinschaft zu verstehen« sei.[30]

Systematisch gehören dieser Abschnitt und der folgende sechste zu »Familie und Kinder« zusammen – hier wird der (illusorische) Ansatz, durch Förderung der bürgerlichen Kleinfamilie das Problem der demographischen Schrumpfung bewältigen zu können, konsequent fortgeführt. Das beginnt mit einem »Bekenntnis zur traditionellen Familie als Leitbild« und weiteren Forderungen, deren Umsetzung die Geburtenrate unter »deutschstämmigen« Frauen über die Reproduktionsrate von 2,1 Kindern pro Frau heben soll – etwa der nach »Bereitstellung zinsloser Darlehen für Eltern zum Erwerb von Wohneigentum, deren Schuldsumme sich mit jedem neugeborenen Kind vermindert«. Das zuweilen vorgebrachte Argument, das würde nur den Besserverdienenden nützen, weil nur sie sich überhaupt Wohneigentum leisten könnten, führt in die Irre: Eine Familie, die für 200.000 Euro ein Haus kauft und zu 100 Prozent finanziert, läge mit einem zinslosen Annuitätendarlehen, das sich pro Kind etwa um 30.000 Euro reduziert, schnell unter der Schwelle jeder Mietzahlung für eine Familie mit drei oder vier Kindern. Auch die Forderung nach dem Erlassen von BaföG-Darlehen für Eltern wird sich nicht durch Rhetorik erledigen lassen. Ein bisschen neben der Beschwörung des traditionellen Familienbildes liegt die Forderung des Programms, auch Alleinerziehende zu unterstützen, und eine pfiffig-zynische Variante überkommener Demagogie ist die Überschrift des Schlussabschnitts dieses Kapitels: »Willkommenskultur für Neu- und Ungeborene«, in der – hinsichtlich etwa der Wiedereinsetzung des alten Paragraphen 218 StGB – ohne weitere Konkretisierung die »ca. 100.000 Schwangerschaftsabbrüche« pro Jahr angeprangert werden.

Wir halten für diese beiden Abschnitte fest: Das Programm enthält eine Reihe von massenwirksamen und je für sich nicht einfach vom Tisch zu wischenden sozialpolitischen Forderungen, etwa die nach Festhalten am Mindestlohn und gezielter Familienförderung für Kinderreiche.

Das Kapitel 7 – »Kultur, Sprache und Identität« – ist zunächst einmal eine Fundgrube für jeden, der glaubt, diese Partei durch Nachweis ihrer Widersprüchlichkeit erledigen zu können. Fremdwörter wie »Subsidiaritätsprinzip« und »Kompetenzen«, von denen dieses Dokument nur so wimmelt,

---

30 Abschnitt 11.3 unter »Finanzen und Steuern«.

haben wir bereits zitiert – aber: »Die deutsche Sprache« ist das »Zentrum unserer Identität«. Die in diesem Kapitel intensiv beschworene »deutsche Leitkultur« speise sich, so wird erläutert, aus drei Quellen: »erstens der religiösen Überlieferung des Christentums, zweitens der wissenschaftlich-humanistischen Tradition, deren antike Wurzeln in Renaissance und Aufklärung erneuert wurden, und drittens dem römischen Recht, auf dem unser Rechtsstaat fußt«. Die erste Quelle liegt bekanntlich in einer Region der Welt, aus der gegenwärtig die direkten Nachfahren deren, die die deutsche Leitkultur angeblich mitbegründeten, fliehen und im Mittelmeer mit dem Segen der AfD-Funktionäre zu Tausenden ertrinken. Wenn die Dienstwagen der AfD künftig der in Runen geschriebene Spruch »Odin statt Jesus« schmücken würde, wäre das wenigstens ehrlich. Die antiken Wurzeln, die zweite Leitkultur-Quelle, liegen bekanntlich auch nicht in den nord-, sondern in den südeuropäischen Regionen, und das römische Recht, Quelle Nummer drei, wäre nie nach Deutschland gelangt, wären damals die Grenzen schon so hermetisch abgeriegelt worden, wie es die AfD heute fordert.

In diesem Kapitel finden sich auch jene Passagen zum Islam, die in der medialen Öffentlichkeit soviel Aufmerksamkeit erregt und auf dem AfD-Programmparteitag auch eine rund 90minütige Diskussion ausgelöst haben – diese Debatte hat dazu geführt, dass die schließlich beschlossenen Passagen eine noch schärfere Abgrenzung zum Islam enthalten, als das im Antrag der Programmkommission vorgesehen war.[31] Die Aussagen zum Islam gipfeln bekanntlich in dem Satz »Der Islam gehört nicht zu Deutschland«, der einen offenen Widerspruch zum gegenteiligen Befund des früheren Bundespräsidenten Christian Wulff (CDU) markieren soll. Die AfD räumt zwar ein: »Viele Muslime leben rechtstreu sowie integriert und sind akzeptierte und geschätzte Mitglieder unserer Gesellschaft«, und insofern ist der Vorwurf, diese Partei richte sich gegen alle Muslime, aus dem Programm selbst nicht ableitbar. Aber die Härte der geforderten Maßnahmen lässt an der Abwehr aller Versuche, dieser Religion zu erlauben, was einige hundert Jahre vorher dem damals nach Germanien importierten Christentum erlaubt war, nämlich die angestammten germanischen Götter zu verdrängen, keinen Zweifel: »Die AfD verlangt (...) zu verhindern, dass sich islamische Parallelgesellschaften mit Scharia-Richtern bilden und zunehmend abschotten. (...) Die Finan-

---

31 So wurde zum Beispiel die Forderung nach einer Ausbildung von Imamen »in deutscher Sprache an deutschen Universitäten« gestrichen.

zierung des Baus und Betriebs von Moscheen durch islamische Staaten oder ausländische Geldgeber bzw. ihre Mittelsmänner soll unterbunden werden. (...) Imame, die in Deutschland predigen wollen, bedürfen der staatlichen Zulassung. Sie müssen sich vorbehaltlos zu unserer Verfassungsordnung bekennen und abgesehen von der Koran-Rezitation in deutscher Sprache predigen. (...) Die islamtheologischen Lehrstühle an deutschen Universitäten sind abzuschaffen und die Stellen der bekenntnisneutralen Islamwissenschaft zu übertragen. (...) Die AfD fordert ein allgemeines Verbot der Vollverschleierung in der Öffentlichkeit und im öffentlichen Raum.«

Allerdings: Ersetzt der Leser »islamisch« durch »christlich«, lesen sich viele der Forderungen, als stammten sie aus der Zeit, in der die bürgerliche Aufklärung darum rang, sich vom allseitigen Einfluss der christlichen, damals vor allem der katholischen Kirche und ihrem umfassenden Anspruch auf Gestaltung der europäischen Gesellschaften zu befreien. Der Vatikan und die ihm unterstellten Klöster waren eine Parallelgesellschaft mit eigener Gesetzlichkeit. Mit ausländischen Mitteln wurden in den zu missionierenden Gebieten Kirchen errichtet, und Empörung rief die Forderung der Aufklärer hervor, dass die in den Klöstern ausgebildeten Prediger sich der weltlichen Gewalt zu unterwerfen und in der Sprache der Ureinwohner, statt in Latein zu predigen hätten. Die Idee, analog der hier zitierten Forderung sämtliche theologischen Fakultäten an den deutschen Universitäten abzuschaffen und die Stellen einer bekenntnisneutralen Religionsforschung zu übertragen, sollte jedenfalls keinen allzu heftigen Widerspruch rationaler politischer Kräfte hervorrufen.

Wir halten fest: Die AfD markiert die positiv gewertete, gemeinschaftsstiftende deutsche Identität vor allem in Abgrenzung gegen den diese Identität angeblich bedrohenden Islam.

Das relativ kurze 8. Kapitel befasst sich mit »Schule, Hochschule und Forschung« und kommt noch einmal aufs Thema Islam zu sprechen. Die AfD fordert in einem eigenen Unterabschnitt die Schließung der Koranschulen und lehnt Sonderrechte für muslimische Schüler/innen – etwa eine Erlaubnis der Nichtteilnahme am Sportunterricht – ab. Durchaus korrekt hat die »Welt« darauf hingewiesen, dass in Kombination mit der Streichung der staatlichen Imam-Ausbildung das AfD-Programm letztlich darauf hinausläuft, den Islam-Unterricht in Deutschland auszutrocknen.

Vor allem aber enthält das Kapitel Forderungen nach einer Rückkehr in das Schulsystem der guten alten Zeit: Selektionsschulen, also Haupt-, Real-

und Oberschule, Schluss mit der Förderung der »Gender-Forschung«, Wiedereinführung der alten deutschen Universitätsabschlüsse, Beendigung der Inklusion und Abschaffung von Geschlechterquoten »im Studium oder in der Arbeitswelt«. Zur Frage der Bildungs-, Studien- und Hochschulfinanzierung enthält dieser Abschnitt nichts. Das ist nicht ganz konsequent, weil dieser Bereich eindeutig nicht zu den eingangs zitierten vier Kernbereichen der klassischen bürgerlichen Staatlichkeit zählt. Vielleicht haben an dem Programm einfach zu viele gut besoldete Gymnasial- und Hochschullehrer mitgewirkt, als dass diese Frage hier neoliberal exakter hätte thematisiert werden können.

Wir halten fest: Die AfD ist eine Partei der Bildungsselektion und der Rückkehr zu den am Ende des 19. Jahrhunderts in den kapitalistischen Staaten entstandenen Schulsystemen mitsamt ihren hergebrachten Forschungsschwerpunkten und Abschlüssen.

Das folgende Kapitel 9 ist das umfangreichste. Es ist auch das bis dato erfolgreichste, da die AfD-Erfolge namentlich der letzten Wahlen sich im wesentlichen den dort behandelten Themen »Einwanderung, Integration und Asyl« verdanken. Der hier geforderte »Paradigmenwechsel« – wieder so ein urdeutsches Wort – wurde von den Medien mittlerweile so ausführlich referiert, dass wir die Stichworte nur kurz nennen müssen: klare Unterscheidung zwischen politischen Flüchtlingen und »irregulären Migranten«, die »keinen Flüchtlingsschutz beanspruchen« können, Abwehr der »rasanten, unaufhaltsamen Besiedlung Europas, insbesondere Deutschlands, durch Menschen aus anderen Kulturen und Weltteilen« sowie der »Gefahr (...) eines schleichenden Erlöschens der europäischen Kulturen«. Gefordert werden »strenge Personenkontrollen« an »allen deutschen Grenzübergängen«, konsequente Rückführungen, Schutz- und Asylzentren in Nordafrika und anderen »sicheren Staaten« und eine entsprechende Anpassung der Genfer Konvention von 1951. Die Partei ist – wie Frauke Petry vor dem Parteitag in einem Interview im »Spiegel« betonte – nicht »gegen Einwanderung«, sondern für eine »maßvolle legale Einwanderung nach qualitativen Kriterien«, wie sie zum Beispiel in Kanada und Australien schon länger praktiziert werde.[32]

Der vielleicht erstaunlichste Abschnitt dieses Kapitels, ja des gesamten Programms, ist der folgende: »Die AfD bekennt sich dazu, ökonomische Fluchtursachen zu vermeiden, auch wenn dies für die westliche Wirtschaft zunächst Nachteile mit sich bringen könnte. Dazu gehört beispielsweise ein

32 »Spiegel«-Gespräch mit Frauke Petry, 13/2016 (26.3.2016), S. 28 ff.

Exportstopp für hochsubventionierte landwirtschaftliche Erzeugnisse nach Afrika, die dort die lokalen Märkte ruinieren und den Menschen ihre Lebensgrundlagen nehmen. Dasselbe gilt für den Export von Waffen, Altkleidern, Giftmüll und anderen westlichen Abfallprodukten sowie für die EU-Fischerei vor den afrikanischen Küsten.« Hier wird eine Ahnung der tatsächlichen Zusammenhänge sichtbar, was übrigens vergleichbar, wenn auch ideologisch blockiert, für die Feststellung eines Aufschwungs des Islams gilt. Diese Zusammenhänge stehen im Zentrum des nächsten Kapitels dieses Buches.

Aber bereits an dieser Stelle sei gesagt: Das Auf- und Vorankommen der AfD und vergleichbarer Formationen auch in anderen entwickelten kapitalistischen Ländern zur jetzigen Zeit ist überhaupt nur als Reaktion auf Entwicklungen verstehbar, die aus den von diesen kapitalistischen Zentren ausgehenden Zerstörungen der Peripherie des seit 1989 zum Weltsystem gewordenen Kapitalismus hervorgehen. Jahrhundertealte Strukturen sind durch die Gewalt-Zwillinge »Kapitalistischer Markt« und »Kapitalistischer Staat« in den Jahrzehnten seit dem Siegeszug des Kapitalismus von Europa und den USA aus in der ganzen Welt zerschreddert worden. Millionen Menschen sind vor allem in den letzten beiden Jahrzehnten durch Kriege und Wirtschaftskrisen ihrer Lebensmöglichkeiten beraubt und vertrieben worden. In den zerfallenden Staaten haben sich Warlord-Strukturen gebildet, die es ermöglichen, dass eine der durch Aufklärung und Säkularisierung schon zurückgedrängten monotheistischen, alle anderen Religionen per se also ausschließenden Glaubenslehren einen neuen, aggressiven Aufschwung genommen hat. Flankiert von dieser zerfallsgetrieben aggressiven Religion haben sich die der Not Entfliehenden auf den Weg in die für ihre Not verantwortlichen Zentren gemacht. Die AfD ist die Politik gewordene, blind um sich schlagende Abwehr dieser im Zentrum des Kapitalismus selbst gezeugten »Bedrohung«. Immerhin: Eine Ahnung dieses Sachverhalts hat sich bis in das Programm dieser um sich Schlagenden vorgerobbt. Von praktischer Bedeutung wird sie nicht sein – obwohl die Partei völlig zu Recht fürchtet, dass »wir erst am Anfang weltweiter, bislang unvorstellbarer Wanderungsbewegungen in Richtung der wohlhabenden europäischen Staaten« stehen. Sollte sich das bewahrheiten, wird die Antwort darauf nicht mehr Einsicht in die Zusammenhänge, sondern mehr Militär sein.

Wir halten fest: Die AfD ist die Stimme der energischen Abwehr der durch den Kapitalismus selbst ausgelösten Wanderungsbewegung aus der Peripherie in die kapitalistischen Zentren des (relativen) Wohlstands.

Damit ist der Höhepunkt der Programmarbeit überschritten, und wir kommen zu den letzten vier Kapiteln des Programms, die wir zusammen behandeln. Hier geht es um Wirtschaft, digitale Welt, Verbraucherschutz, Finanzen und Steuern, Energiepolitik, Natur- und Umweltschutz, Land- und Forstwirtschaft und schließlich um Infrastruktur, Wohnen und Verkehr.

Die Abschnitte beginnen mit dem wohl noch aus der Gründerzeit stammenden Glaubensbekenntnis: »Freier Wettbewerb sichert unseren Wohlstand.« Alle Kernsätze des Monetarismus à la Friedman, Hayek und anderen finden hier ihren Platz: »Je mehr Wettbewerb und je geringer die Staatsquote, desto besser für alle. Denn Wettbewerb schafft die Freiheit, sich zu entfalten und selbst zu bestimmen, privates Eigentum an Gütern und Produktionsmitteln (!, M.S.) erwerben zu können, (...) ertragbringende Chancen zu nutzen, aber auch ein mögliches Scheitern selbst zu verantworten.« Das Erbe der Ordoliberalen Walter Eucken, Alfred Müller-Armack, Wilhelm Röpke und Ludwig Erhard wird beschworen[33] und klargestellt: »Jede Form von staatlicher Planwirtschaft führt früher oder später zu Fehlallokationen und Korruption.« An diesen Prinzipien soll nicht nur Deutschland, sondern die ganze Welt genesen: »Den Außenhandel will die AfD ebenso marktwirtschaftlich ausrichten wie die inländische Wirtschaftsordnung.«

Die diesem Satz folgenden Seiten sind allerdings – mit einigen Unterbrechungen – davon geprägt, in einer Ansammlung politisch-praktischer Forderungen die hehren »zentralen Prinzipien (...) Eigentum, Eigenverantwortlichkeit und freie Preisbildung« wieder einzuschränken. »Handelsabkommen« nämlich »sollen deutsche Sicherheitsstandards in keinem Fall unterlaufen«, TTIP, Tisa und Ceta werden abgelehnt, weil sie die »demokratische Legitimation« des Bundestags einschränken würden, und Privatisierungen sollen nur erlaubt sein, wenn sie durch Bürgerentscheide »auf der jeweiligen staatlichen Ebene« entschieden würden. Während im Abschnitt 3.6 noch Opferschutz vor Datenschutz rangiert, heißt es nun in 10.10, »dem Datenschutz« sei »ein hoher Stellenwert einzuräumen«. Lebensmittel sollten besser gekennzeichnet werden, die künstliche Verkürzung der Lebensdauer von Produkten sollte durch wiederholte Tests unterbunden, Textilien und Kinderspielzeug sollten auf Schadstoffe überprüft werden – das Vertrau-

---

33 Interessanterweise sind das dieselben Wirtschaftstheoretiker, auf die sich in ihren letzten Publikationen auch Sahra Wagenknecht positiv bezieht.

en in die Kräfte des Marktes ist selbst bei den Gralshütern des freien Wettbewerbs offenbar beschränkt.

Ähnlich widersprüchlich sind die Aussagen zum Steuerrecht. Für den in Abschnitt 10 beschworenen »schlanken, aber starken Staat« soll in der Folge der sogenannten Schuldenbremse, also des Verbots, zur Staatsfinanzierung Nettokredite neu aufzunehmen, auch eine »Steuer- und Abgabenbremse im Grundgesetz« verankert werden, »um die maximale Summe der Belastung auf einen bestimmten Prozentsatz im Verhältnis zum Bruttoinlandsprodukt festzuschreiben«. Eine Zahl wird nicht genannt – aber die »Steuern und Abgaben sollen in Zukunft nicht mehr beliebig erhöht werden«. Eher schon werden Steuersenkungen gefordert: durch einen höheren Grundfreibetrag, durch Indexierung des Stufentarifs zur Vermeidung der sogenannten »kalten Progression« und – wie oben schon erwähnt – durch die Einführung eines Familiensplittings, durch das »die Summe der erzielten Einkünfte aller Familienmitglieder durch die Zahl der Familienmitglieder geteilt wird«. Das übrigens ist für Kinderreiche, denen der politische Kontext einer solchen Forderung ziemlich egal ist (wenn sie ihm nicht sowieso beipflichten), sicherlich ein attraktiver Programmpunkt. Vermögens- und Erbschaftssteuer sollen abgeschafft werden, die vorhandenen Schulden sollen nach und nach getilgt werden. Diese Ansammlung von Steuernachlässen einerseits und die weiter oben beschriebenen Forderungen nach deutlich mehr Polizei, einer deutlich aufgerüsteten Bundeswehr und weitere kostenintensive Pläne andererseits passen offensichtlich nicht zusammen – durchgerechnet ist das Programm jedenfalls nicht.

Der Abschnitt zur Energiepolitik beginnt mit der Forderung, in der Klimapolitik den »Irrweg zu beenden«, der so beschrieben wird: »Das Klima wandelt sich, solange die Erde existiert. (...) Kohlendioxid (CO_2) ist kein Schadstoff, sondern ein unverzichtbarer Bestandteil des Lebens. (...) Seit die Erde eine Atmosphäre hat, gibt es Kalt- und Warmzeiten. Wir leben heute in einer Warmzeit mit Temperaturen ähnlich der mittelalterlichen und der römischen Warmzeit.« Diesen Annahmen entsprechend werden alle politischen Maßnahmen zur »zwangsweisen Senkung der CO_2-Emissionen«, alle Vorschriften zur Dämmung von Wohngebäuden, die nur die Belastung für kleine Mieter erhöhen und Luxussanierungen Vorschub leisten würden, sowie die Förderung der Windkraft und anderer regenerativer Energieerzeugungsarten abgelehnt. Das »Erneuerbare-Energien-Gesetz« (EEG) sei »ersatzlos abzuschaffen«. Unbestimmt bleiben die Aussagen zu den Streitthemen Fracking und Atomkraft. Bei ersterem sollten die »vor Ort betroffenen Bürger« das letzte Wort haben, bei der Atomkraft sollte eine Laufzeitverlängerung »übergangsweise« gestattet werden, Reststoffe sollten dezentral – also nicht in Gorleben – gelagert werden, und schließlich, etwas ratlos: »Die Nutzung der Kernenergie ist jedoch kein Selbstzweck und ihre zukünftige Ersetzung denkbar.« Die Forschung aber müsse auf jeden Fall »wieder« erlaubt sein. Das ist zum einen klar, weil es ohne Atomforschung keine Atomwaffen gibt, die Deutschland braucht, wenn es militärisch – siehe oben – zur Weltspitze aufschließen will, und zum anderen unnötig, weil die jetzige Gesetzeslage diese Forschung nicht verbietet.

Das vorletzte Kapitel zu Natur- und Umweltschutz liest sich ein bisschen wie die Texte konservativer Autoren, etwa Herbert Gruhl und andere, aus der Gründerzeit der Grünen: Landschaftsverbrauch vermindern, kein Glyphosat, Tiere als Mitgeschöpfe unter stärkeren Schutz stellen, Transport von Schlachttieren nur über kurze Distanzen, Antibiotika-Behandlung bei Tieren grundsätzlich vermindern und die Anwendung der für die Humanmedizin wichtigen Antibiotika in der Landwirtschaft ganz untersagen, Schächten verbieten, Saatgutvielfalt erhalten, »jegliche Form der Bodenspekulation durch international tätige Konzerne« unterbinden. Auch dies verträgt sich bei nüchterner Betrachtung nicht mit den Bekenntnissen zur freien Marktwirtschaft.

Im letzten Kapitel wird ein »voranschreitender Verfall (...) vieler öffentlicher Bauten« sowohl im Verkehrswegenetz als auch beim öffentlichen Hochbau, also bei Schulen, Universitäten und anderen öffentlichen Gebäuden, beklagt. Der so eingetretene »massive Investitionsstau« soll aufgelöst werden, unter anderem »ist (die) mangelhafte Personalausstattung bei den öffentlichen Fachbehörden (...) umgehend zu beseitigen« – die beschworene Verschlankung des Staatsapparats wird im Lauf der letzten Kapitel des Programms immer unglaubwürdiger.

Zwei weitere Punkte stecken im letzten Kapitel, die in ihrem Einfluss auf potentielle Wähler/innen nicht unterschätzt werden sollten. Unter Verwendung des Slogans »Freie Fahrt für freie Bürger« wendet sich die Partei gegen »Behinderungen« durch Geschwindigkeitsbeschränkungen, die von Kommunen »vorrangig« als »zusätzliche Einnahmequelle« genutzt würden. Und schließlich wird »eine Perspektive für den ländlichen Raum« angemahnt – unter anderem durch Dezentralisierung von Entscheidungsstrukturen, »Wiederbelebung« des »Selbstverwaltungs- und Selbstbestimmungsrechts der Kommunen« (außer in Sachen Geschwindigkeitsbegrenzungen, versteht sich), Beendigung der »Benachteiligung ländlicher Gemeinden bei der Finanzverwaltung«, mobile Gesundheits-, Alten- und Jugendbetreuung. Diese Abschnitte lassen sich als eine in hohem Maße in sich widersprüchliche, aber gezielt die Gefühlslage einzelner, in der Summe beträchtlicher Bevölkerungssegmente aufgreifende Sammlung konkreter Zustandsbeschreibungen und Forderungen zu unterschiedlichsten Politikbereichen zusammenfassen.

Wie am Anfang der Betrachtung des AfD-Programms kommen wir an ihrem Schluss zur dröhnenden Stille dieses Programms. In ihm finden wir zwar die Formulierung der Sorge darüber, dass Lebensversicherungssparern durch Negativzinsen eine »allmähliche Enteignung« drohe, [34] aber an keiner Stelle Hinweise auf die wesentliche Form der Alterssicherung, die staatlich organisierte Rente. Auch wer im Abschnitt zu »Arbeitsmarkt und Sozialpolitik« nach Aussagen zur Gesundheits- oder Pflegeversicherung sucht, wird nicht fündig werden. Dies mag der Programmtendenz geschuldet sein, der Staat solle sich auf seine vier Kernbereiche zurückziehen, zu denen eben die Sicherung im Alter nicht gehört. Dann wäre die unausgesprochene Hauptaussage dieses Programms: Jede/r ist sich selbst der oder die nächste, und der Staat hat damit nichts zu tun.

Damit beenden wir – ohne Anspruch auf Vollständigkeit – den Überblick über dieses »Programm für Deutschland« und fassen, wie fallweise zwischendurch bereits geschehen, zusammen:

• Die AfD ist eine auf Regierungsbeteiligung innerhalb der bestehenden Strukturen drängende Partei.

• Die AfD lenkt die wachsende Verärgerung über die bestehenden Verhältnisse mit unbestreitbaren Belegen statt auf die kapitalistischen Verhältnisse selbst auf die diesem System verpflichtete politische Kaste, deren Teil zu werden sie selbst so energisch anstrebt.

• Die AfD will ohne Infragestellung kapitalistischer Bewegungsgesetze die Wirkung dieser Gesetze – so wie vermeintlich in den fünfziger und sechziger Jahre geschehen – im Raum der bürgerlichen Nationalstaaten einhegen. Das wäre das Ende der EU und des Euro.

• Die AfD ist eine Partei der massiven Aufrüstung bewaffneter Staatskräfte im Inneren, der offenen Frontstellung dieser Kräfte gegen Ausländer, der Förderung der Selbstbewaffnung von gewaltbereiten deutschen Bürgern und der Vorbereitung der militärischen Abschottung der Außengrenzen.

---

34 Abschnitt 11.10.

- Das Programm enthält eine Reihe von massenwirksamen und je für sich nicht einfach vom Tisch zu wischenden sozialpolitischen Forderungen wie die nach Festhalten am Mindestlohn und gezielter Familienförderung für Kinderreiche.

- Die AfD markiert die positiv gewertete, gemeinschaftsstiftende deutsche Identität vor allem in Abgrenzung gegen den diese Identität angeblich bedrohenden Islam.

- Die AfD ist eine Partei der Bildungsselektion und der Rückkehr zu den am Ende des 19. Jahrhunderts in den kapitalistischen Staaten entstandenen Schulsystemen mitsamt ihren hergebrachten Forschungsschwerpunkten und Abschlüssen.

- Die AfD ist die Stimme der energischen Abwehr der durch den Kapitalismus selbst ausgelösten Wanderungsbewegung aus der Peripherie in die kapitalistischen Zentren des (relativen) Wohlstands.

- Die AfD formuliert in ihrer Programmatik eine in hohem Maße in sich widersprüchliche, aber gezielt die Gefühlslage einzelner, in der Summe beträchtlicher Bevölkerungssegmente aufgreifende Sammlung konkreter Zustandsbeschreibungen und Forderungen zu unterschiedlichsten Politikbereichen.

Mit diesen neun Punkten haben wir eine aus dem Programm selbst abgeleitete Charakterisierung dieser Partei. Das sagt noch nichts über ihre politische Funktion in unserer Zeit und in der Zukunft – aber es ist eine unerlässliche Vorarbeit, um sich über diese Funktion klarzuwerden.

2.5. Bestätigung: Die Wahlen im September 2016

Im September 2016 zerschlugen sich alle Hoffnungen, dass nach dem Programmparteitag der AfD und dem innerparteilichen Streit, der in Baden-Württemberg sogar zur vorübergehenden Spaltung der dortigen Landtagsfraktion entlang der Haltung zu antisemitischen Äußerungen eines Fraktionsmitglieds führte, der Höhenflug dieser Partei in einen Sinkflug übergehen könnte. Bei den Landtagswahlen in Mecklenburg-Vorpommern konnte die Partei den Umfragen zufolge zeitweise sogar auf eine Position als stärkste Parlamentspartei hoffen, landete am 4. September dann hinter der SPD (30,6 Prozent) mit 20,8 Prozent der Stimmen auf Platz zwei, also vor der Kanzlerinnenpartei CDU (19 Prozent) und damit auch deutlich vor der PdL (13,2 Prozent); eine Woche später zog sie bei der Kommunalwahl in Niedersachsen fast überall, wo sie angetreten war, in Rathäuser und Kreistage ein, und fünf Tage nach den Wahlen zum Abgeordnetenhaus in der Bundeshauptstadt Berlin titelte die »Junge Freiheit« am 23. September: »Die AfD triumphiert auch in Berlin und zieht in das zehnte Landesparlament ein: Ein Jahr vor der Bundestagswahl verändert sich die Parteienlandschaft dramatisch«. Die AfD hatte in Berlin aus dem Stand 14,2 Prozent erreicht.

Diese Wahlen fanden allesamt nach dem Programmparteitag der AfD statt. Ihre Ergebnisse zeigen kaum Änderungen an den beschriebenen Grundstrukturen der Wählerbasis – weder (aus Sicht der Partei) positive noch negative. Darin spiegelt sich auch die zunehmende Irrelevanz von Parteiprogrammen für die Beeinflussung des Stimmverhaltens des Wahlvolks – zum Begreifen der Ziele einer politischen Organisation ist das gründliche Studium ihrer programmatischen Aussagen gleichwohl unentbehrlich.

3. Charakter und Funktion der AfD

3.1. Blicke über den nationalen Tellerrand

Wäre der Aufstieg der AfD ein spezifisch deutsches Problem, ließe es sich möglicherweise im Rahmen der deutschen Entwicklung begreifen. Das ist aber ganz offensichtlich nicht der Fall. Die Bundesvorsitzende der Partei, Frauke Petry, traf am 10. Juni 2016 auf der Zugspitze mit dem FPÖ-Vorsitzenden Heinz-Christian Strache zu einem Gipfeltreffen zusammen, bei dem auch gemeinsame Arbeitsgruppen zur Koordination der Aussagen zunächst zum Thema Euro vereinbart wurden. Beide erklärten: »Wir wollen gemeinsam zu neuen politischen Höhen voranschreiten.«[35] Im EU-Parlament haben sich die verbliebenen beiden Abgeordneten der AfD inzwischen nicht nur mit der FPÖ, sondern auch mit dem französischen Front National zusammengetan, und bereits im April 2016 hatte Petry öffentlich den damals noch um die Nominierung durch die Republikaner kämpfenden heutigen US-Präsidenten Donald Trump gelobt und »Parallelen« zwischen ihm und ihrer eigenen Partei festgestellt.

Es handelt sich also bei der AfD um eine deutsche Variante einer in Europa und den USA als den beiden historischen Zentren des Kapitalismus an Einfluss gewinnenden politischen Formierung. Bevor wir die Frage nach Charakter und Funktion dieser Partei aus den Entwicklungen des Kapitalismus selbst heraus beantworten, werfen wir einen Blick auf die Parteien und Kandidaten, denen sich die AfD offensichtlich verbunden und in deren Aufwärtsbewegung sie sich eingebettet fühlt. Um den Rahmen dieses kleinen Buches nicht zu sprengen, beschränken wir uns auf vier Blicke in vier Himmelsrichtungen.[36]

1. Das im Norden liegende Schweden war über Jahrzehnte für linke Sozialdemokraten das Land der Hoffnung. Sie sahen dort eine Alternative zu dem ungeliebten Sozialismusanlauf, der von 1945 bis 1989 in Osteuropa und darüber hinaus die gesellschaftliche Entwicklung prägte. Bei den Wahlen zum schwedischen Reichstag im September 2014 wurden die bis dahin regieren-

---

35 »Welt«, 11. Juni 2016.
36 Einen guten Überblick über die europäischen Entwicklungen, auf den sich die hier vorliegende Darstellung zu erheblichen Teilen stützt, geben Joachim Bischoff, Elisabeth Gauthier und Bernhard Müller in ihrem Buch *Europas Rechte. Das Konzept des »modernisierten« Rechtspopulismus*, Hamburg 2015.

den bürgerlichen Parteien unter Fredrik Reinfeldt abgewählt. An ihre Stelle trat jedoch nicht, wie zu erwarten gewesen war, abermals eine Regierung unter Führung der Sozialdemokratie, die jahrzehntelang das »schwedische Modell« hatte gestalten können. Vielmehr ergab die Auszählung der Stimmen, dass der Herausforderer Stefan Löfven von der Sozialdemokratischen Arbeiterpartei selbst unter Einschluss der auch dort so genannten Linkspartei eine rot-grün-rote Koalition nicht mehr zusammenbekommen konnte. Der Grund: Mit knapp 13 Prozent – und damit doppelt soviel wie bei den Wahlen 2010 – waren die »Schwedendemokraten« drittstärkste politische Kraft geworden. Sowohl die Eckpunkte der ökonomischen und der darauf fußenden sozialen Entwicklung als auch die programmatischen Forderungen der Schwedendemokraten klingen sehr vertraut: Zunahme der (Dauer-)Arbeitslosigkeit, Wachstum des Anteils der Bevölkerung, der auf staatliche Transferleistungen angewiesen ist, Kürzungen dieser Leistungen angesichts der seit 2012 wieder steigenden Staatsschulden, zunehmende Ungleichheit der Einkommen, Privatisierungen, die mit Niveau- und Sozialabbau einhergingen, Verteuerung der Wohnungen für breite Schichten der Bevölkerung und eine steigende Flüchtlingszahl. Das Programm der Schwedendemokraten: Schweden zuerst, Grenzen sichern, mehr Polizei, scharfe Frontstellung gegen das bisherige politische Establishment. Schweden wird seit dem Erstarken dieser Kräfte durch Minderheitenkabinette unter Führung der Sozialdemokratischen Arbeiterpartei regiert – von der früheren Stabilität des sogenannten schwedischen Sozialstaatsmodells ist nichts mehr übriggeblieben.

2. Einen deutlichen Schritt weiter ist die Entwicklung vergleichbarer Bewegungen im Osten. In Polen ist das gescheitert, was im Norden und Westen noch gelingt und in Deutschland vermutlich noch eine Weile versucht wird, nämlich das Fernhalten der die bestehenden Strukturen von rechts herausfordernden Parteien von den Regierungsämtern. Ein Dreivierteljahr nach dem Wahlsieg der Solidarność im Juni 1989, der das Ende der sozialistischen Staaten in Osteuropa einläutete, wurde von den Zwillingsbrüdern Lech und Jarosław Kaczyński die »Porozumienie Centrum«, die »Zentrumsallianz« ins Leben gerufen. Eine der zentralen Forderungen in ihrem insgesamt offen nationalkonservativen Programm war die »schnellere Abkehr von den Resten des Kommunismus«.

2001 wurde aus der Zentrumsallianz die »Prawo i Sprawiedliwość«, die Organisation »Recht und Gerechtigkeit« (PiS), die mit 9,5 Prozent ins Parlament einzog und nur vier Jahre später mit knapp 30 Prozent der Stimmen stärkste Partei im Sejm wurde und die Regierungsbildung übernahm. Nach nur zwei Jahren musste sie gegen die Regierung der »Bürgerplattform« unter Donald Tusk für acht Jahre in die Opposition, konnte aber nach der Parlamentswahl im Jahr 2015 mit 37,6 Prozent der Stimmen die absolute Mehrheit sowohl im Sejm als auch im Senat gewinnen.

Reinhard Lauterbach hat im April 2016 die Unterschiede zwischen Bürgerplattform und PiS so beschrieben: »Während die ›Bürgerplattform‹ auf den Wirtschaftsflügel der ›Wahlaktion Solidarność‹ zurückgeht, beruht die PiS auf der katholisch-nationalistischen Richtung der einstigen antisozialistischen Sammlungsbewegung. Sie hat zwar den EU-Beitritt Polens nie ausdrücklich abgelehnt, verficht aber auf europäischer Ebene das Vorrecht der Nationalstaaten gegen Bemühungen einer verstärkten EU-Integration. Im Europaparlament hat sie sich deshalb mit den britischen Tories und der deutschen AfD zusammengetan. Aktuell ist die PiS auf europäischer Ebene die Vorkämpferin für die Ablehnung einer zentralisierten Verteilung von Flüchtlingen auf die einzelnen Mitgliedsstaaten. Innenpolitisch schwebt der PiS die Verwandlung Polens in ein autoritär regiertes Land nach dem Vorbild von Viktor Orbáns Ungarn vor. (…) Kulturell und gesellschaftspolitisch setzt die PiS auf ein enges Bündnis mit der katholischen Kirche.«[37]

Die programmatischen Parallelen zur AfD werden bereits in diesen wenigen Zeilen deutlich. Wichtig für unseren Zusammenhang ist, dass hier eine mit der AfD vergleichbare Bewegung, anders als im Norden, Süden oder europäischen Westen, schon an die Regierung gelangt ist und – zumindest nach den Umfragewerten bis Ende 2016 – als stärkste politische Kraft des Landes nicht schwächer wird, sondern sich stabilisiert. Während unser kurzer Blick nach Norden zeigte, wie gründlich das Fundament systemimmanenter linker Varianten des kapitalistischen Krisenmanagements inzwischen zerbröselt ist, zeigt der Blick nach Osten – ob nun nach Polen oder nach Ungarn – die Perspektiven dieser Rechtsentwicklung an der Regierung. Dies betrifft in der jetzigen Phase vor allem die Umformung des Staatsapparats in eine nicht mehr durch formale Rechtsstaatlichkeit gehemmte Maschine zur Unterdrückung politisch Andersdenkender. Gezielt ist in Polen durch entsprechende Gesetze das Verfassungsgericht seiner Funktionsfähigkeit beraubt worden, werden die öffentlich-rechtlichen Medien mit Gefolgsleuten der PiS besetzt

---

37 »Junge Welt«, 6. April 2016.

und wurde beispielsweise der Vorsitzende der bereits an den gesellschaftlichen Rand gedrängten Kommunistischen Partei Polens (KPP) im Frühjahr 2016 wegen »Propaganda für eine totalitäre Ordnung« zu Geldstrafen und Arbeitsauflagen verurteilt. Das stößt auch im Westen selbst unter Konservativen auf Kritik, so dass beispielsweise die »Welt« der polnischen Regisseurin Agnieszka Holland breiten Raum gab für ihre Einschätzung der Situation: »Die Polen befinden sich in einem kalten Bürgerkrieg. Der Konflikt geht durch Familien. (...) Die eigentlichen Gründe für die Unzufriedenheit sind ein Mangel an Perspektive für die junge Generation. Außerdem sind da die riesigen Kosten der Transformation und das Gefühl eines Teils der Bürger, ausgeschlossen zu sein. Und die vorherige Regierung war zu arrogant, wenn es darum geht, die wachsenden gesellschaftlichen Probleme zu erkennen. Es ist ihr nicht gelungen, ein Gemeinschaftsgefühl zu schaffen. Andererseits arbeitet Kaczyński seit über zehn Jahren daran, die Gemeinschaft zu zerstören, und treibt eine Teilung voran. Er ist ein Meister im Säen von Hass.«[38]

Bei allen Unterschieden zwischen den geschichtlichen Entwicklungen und der ökonomischen Lage Schwedens und Polens werden zwei wesentliche Fakten deutlich: Die Grundlage des Aufschwungs nationaldemagogischer Kräfte wie der Schwedendemokraten und der PiS ist vor allem der »Mangel an Perspektive für die junge Generation«, der sich in dem kontinuierlichen Ansteigen dauerhafter Arbeitslosigkeit, dem langsamen Verschwinden früher gesicherter beruflicher Perspektiven beziehungsweise in der bitteren Erkenntnis ausdrückt, dass der vor 1989 vom Westen dem Osten versprochene Import solcher Perspektiven durch die Einfuhr der »sozialen Marktwirtschaft« nach westlicher Bauart sich als Täuschung herausgestellt hat. Die folgende tiefsitzende Ent-Täuschung richtet sich im Norden wie im Osten zunächst gegen diejenigen, die die politische Ordnung, also die Enttäuschung, repräsentieren, und (noch) nicht gegen die sozialökonomischen Grundlagen dieser Ordnung.

3. Dies wird auch deutlich, wenn wir den Blick von Osten nach Süden weiterwandern lassen. Sieht man von den US-Präsidentschaftswahlen ab, hat kaum ein Ereignis die deutsche politische Kaste 2016 so in Aufregung versetzt wie die Präsidentschaftswahl in Österreich. Der erste Paukenschlag

---

38 »Welt«, 5. April 2016.

ertönte im April. In der ersten Runde der Bundespräsidentenwahlen distanzierte der FPÖ-Kandidat Norbert Hofer mit 35,3 Prozent der Stimmen die Vertreter der etablierten Parteien, von denen der ehemalige Bundessprecher der Grünen, Alexander Van der Bellen das Verfolgerfeld mit 21,3 Prozent anführte – knapp vor der parteiunabhängigen Kandidatin Irmgard Griss. Die Kandidaten sowohl der konservativen Volkspartei (ÖVP) als auch der sozialdemokratischen Partei (SPÖ), die Österreich seit Jahrzehnten im Wechsel und zuletzt, ähnlich wie in Deutschland, in einer sogenannten großen Koalition regieren, lagen nur knapp über der Zehn-Prozent-Marke. Keiner von ihnen kam auch nur in die Nähe der Stichwahl. Die zweite Runde dieser Zitterpartie endete am 23. Mai mit der Auszählung der Briefwahlstimmen; sie brachte dem Kandidaten der Grünen einen hauchdünnen Vorsprung von 31.026 Stimmen – und der Republik eine Anfechtung des Wahlergebnisses durch die FPÖ, der der österreichische Verfassungsgerichtshof am 1. Juli stattgab. Im Dezember schließlich, im dritten Wahlgang, gelang es den hinter dem Kandidaten der Grünen versammelten Parteien, Hofer klar auf den zweiten Platz zu verweisen. Im Jubel über dieses Ergebnis hat der eine oder die andere übersehen, dass sich damit die FPÖ als stärkste eigenständige politische Kraft im Land etabliert hat. Sie konnte alleine fast ebenso viele Wählerstimmen für ihren Kandidaten mobilisieren wie die übrigen, bisher die parlamentarische Szene dominierenden Kräfte zusammen.

Nicht nur das schon erwähnte Gipfeltreffen auf der Zugspitze, sondern auch das Programm der FPÖ bezeugt eine enge politische Verwandtschaft zwischen den beiden deutschsprachigen Rechtsparteien. Der Erfolg der FPÖ ist noch aus einem anderen Grund möglicherweise Vorbild für die Funktionäre der AfD: Er zeigt, in welch hohem Maß Rechtsparteien inzwischen gegen den Vorwurf immunisiert sind, sie stünden für eine Wiederkehr politischer An- und Absichten aus der jüngeren Vergangenheit der großdeutschen Geschichte.

Simon Loidl hat die Entstehungsgeschichte der FPÖ so zusammengefasst: »Die FPÖ entstand Mitte der 1950er Jahre als Zerfallsprodukt des ›Verbandes der Unabhängigen‹ (VdU), eines 1949 gegründeten Zusammenschlusses ehemaliger NSDAP-Mitglieder, sogenannter Heimatvertriebener und Kriegsheimkehrer. Nach Auseinandersetzungen innerhalb des VdU wurde dieser aufgelöst. Die deutschnationalen Vertreter riefen darauf im Herbst 1955 die FPÖ ins Leben. Beim Gründungsparteitag wenige Monate später wurde der vormalige SS-Brigadeführer Anton Reinthaler zum Obmann (=Vorsitzenden, M.S.) gewählt.«[39] Sie blieb politisch eine Randerscheinung, bis sie von der SPÖ, nachdem die 1983 die absolute Mehrheit verloren hatte, als Juniorpartnerin in die Regierung geholt wurde. Ihr eher wirtschaftsliberaler Flügel wurde von den offen deutschnationalen Kräften um Jörg Haider im Herbst 1986 von der Führung verdrängt. Das beendete zwar die Koalition mit der SPÖ, brachte der Partei aber einen Sprung auf rund zehn Prozent der Wählerstimmen – unbeschadet oder gerade wegen der offen ausländerfeindlichen und deutschnationalen Positionierung der Partei unter Haider. 1999 wurde sie mit 26,9 Prozent bereits zweitstärkste Partei. Auch der Tod Haiders, der 2008 alkoholisiert bei einem selbstverschuldeten Autounfall ums Leben kam, änderte an der Resonanz dieser Partei, nun unter ihrem neuen Vorsitzenden Heinz-Christian Strache, nichts. Im FPÖ-Programm wird Österreich als Teil der »deutschen Volks-, Sprach- und Kulturgemeinschaft« bezeichnet.

Am Tag nach der Auszählung der Stimmen des zweiten Wahlgangs bezeichnete die »FAZ« im Mai 2016 den Sieg des grünen Präsidentschaftskandidaten als »Pyrrhussieg« und schrieb: »Der Hofer-Hälfte gibt der Wahlausgang (...) Auftrieb. Sie wird ihn als Zeichen dafür sehen, dass das an politischer Auszehrung leidende ›Establishment‹ nur mit einer letzten verzweifelten Kraftanstrengung (und einem Altachtundsechziger!) den Marsch der FPÖ in die höchsten Ämter der Republik aufhalten konnte. (...) Die Chancen, dass FPÖ-Chef Strache Bundeskanzler wird, sind durch die Niederlage Hofers nicht kleiner geworden.« Diese Einschätzung dürfte sich auch durch den abschließenden Wahlgang nicht geändert haben. Verantwortlich machte das Blatt für den Erfolg der FPÖ »die ursprüngliche Politik der Wiener Koalitionsregierung in der Flüchtlingskrise. Die anfängliche ›Willkommenskultur‹ trieb, wie in Deutschland selbst, den Populisten aus allen Schichten massenweise Wähler zu. (...) Diese Menschen treibt nicht die Freude am Scheitern um, sondern die Angst davor, dass die märchenhaften Pläne zur Integration nicht aufgehen. Wenn CDU und SPD das nicht endlich begreifen, dann könnten auch sie noch ihr blaues Wunder erleben – zwar nicht bei der Wahl zum Bundespräsidenten, aber bei der nächsten Bundestagswahl.«[40]

In derselben Ausgabe dieser Zeitung finden sich auf der Wirtschaftsseite Hinweise darauf, dass ein Kurswechsel in der Flüchtlingspolitik vielleicht nicht einmal reichen würde, um den Aufstieg von Kräften wie der AfD oder

39 Simon Loidl: »FPÖ«, »Junge Welt«, 8. Juni 2016.
40 Bernhard Kohler: »Die blaue Revolution«, »FAZ«, 24. Mai 2016.

FPÖ zu stoppen: »Die wirtschaftliche und soziale Entwicklung in Österreich nimmt die falsche Richtung. Die Arbeitslosigkeit steigt von einem Höchststand zum nächsten (...) Das Wirtschaftswachstum ist niedrig, Steuern, Abgaben und Schulden sind hoch, Investitionen und Reallöhne stagnieren.«[41] Der Autor verweist auch auf den zunehmenden Eindruck der Österreicher, politisch dem »Proporz«, mit dem jahrzehntelang die regierenden Parteien SPÖ und ÖVP die Ämter der Republik quasi unter sich aufgeteilt hatten, macht- und einflusslos gegenüberzustehen. Es ist unübersehbar, dass diese Mischung aus richtiger Wahrnehmung eines langsamen ökonomischen Absinkens und der Erosion der ökonomischen Fundamente der Gesellschaft sowie dem steigenden Verdruss an der politischen Kaste, die diesen Entwicklungen hilflos gegenübersteht und sie schönredet, den Triebkräften gleicht, die hinter dem Aufstieg der AfD in Deutschland stecken.

Vor allem aber zeigt der Blick nach Süden, wie porös die Wand der scheinbar unanfechtbaren »großen Koalitionen« ist, hinter der sich die regierende Kaste verschanzt. Nichts spricht dafür, dass es ein auf fünf, zehn oder 20 Prozent begrenztes quasi natürliches Wählerreservoir für deutschnationale Parteien gibt – Österreich zeigt, dass sogar die Hoffnung ihrer Parteiorganisationen, allein mehr Stimmen als die bis dato etablierten Kräfte zu bekommen, nicht illusionär sein muss.

4. Dies lehrt ein Blick nach Westen gleich dreifach – vom Front National diesseits zu Donald Trump jenseits des großen Teiches, die beide nicht nur, wie hierzulande noch die AfD, um eine Beteiligung an der Regierung kämpfen, sondern um die Führung der Regierung. Auf dem Weg von Frankreich in die USA schauen wir noch kurz auf Großbritannien, dessen Wahlbevölkerung im Juni 2016 dafür plädiert hat, die EU zu verlassen.

Während in Deutschland die Europawahl 2014 der AfD den Durchbruch als europäische Parlamentspartei brachte, katapultierte sie den mit der AfD herzlich verbundenen Front National (FN) mit 24,4 Prozent der abgegebenen Stimmen in Frankreich auf Platz eins der um Parlamentsmandate in der EU konkurrierenden Parteien – vor die traditionell rechtskonservative UMP (Union pour un mouvement populaire, Union für eine Volksbewegung) mit 21 Prozent, die regierenden Sozialisten (PS) von Präsident François Hollande mit 14 Prozent, die Grünen mit neun Prozent und den mit der deutschen

---

41 Christian Geinitz: »Wi(e)der das Wiener Establishment«, ebd.

PdL verbundenen Front de Gauche mit nur 6,3 Prozent. Diesen ersten Rang verlor der FN zwar bei den Départementswahlen im März 2015 wieder. Aber »zum ersten Mal ist es dem FN gelungen, KandidatInnen in 93% der ca. 2.000 Kantone (den Wahlkreisen für die Départementswahlen) aufzustellen, was eine zunehmende lokale Verankerung zeigt, wobei manche der KandidatInnen ursprünglich von der UMP kommen«.[42]

Es wurde sowohl bei den Wahlen zum EU-Parlament als auch bei den Wahlen auf der untersten Ebene der kapitalistischen Staatshierarchie in Frankreich eine ähnliche Entwicklung sichtbar, wie sie sich auch in Österreich schon entfaltet hat und in Deutschland zu entfalten beginnt: Die früher in Pizza- und anderen »Connections« auf Mehrheiten hoffenden Kräfte innerhalb der sozialdemokratisch/sozialreformerisch/grünen Parteien verlieren selbst ihre bloß arithmetische Perspektive einer Mehrheit von SPD/Grünen/PdL beziehungsweise PS/Grüne/Front de Gauche. Alle Parteien des etablierten Spektrums zusammen haben Mühe, gemeinsam – ohne als Block zu agieren – eine absolute Mehrheit der von rechts in den politischen Vordergrund drängenden neuen Parteien zu verhindern (auf welche Weise und ob überhaupt sie dies ernsthaft betreiben, wäre Gegenstand einer gesonderten Untersuchung).

Die Analysen der Wählerverschiebungen und die Analysen der dieser Entwicklung zu Grunde liegenden sozialökonomischen Trends sind mittlerweile so vertraut und ähneln im übrigen den oben referierten Entwicklungen in Deutschland oder Österreich so sehr, dass wir es hier kurz machen können: »Grob skizziert lassen sich die FN-WählerInnen in drei Kategorien einteilen: erstens prononciert rechtsgerichtete bürgerliche Kreise, zweitens protektionistisch Eingestellte, für die der Diskurs des FN über Globalisierung, Migration, Bedrohung der ›nationalen Identität‹, Notwendigkeit eines starken (autoritären) Staates etc. als kohärentes Projekt erscheint; drittens von sozialem Abstieg und Pauperisierung bedrohte sogenannte (untere) Mittelschichten.«[43] Rekordergebnisse erreicht nach den vorliegenden Analysen der FN unter anderem unter den Arbeitern in den von Deindustrialisierung betroffenen Regionen, bei den 35- bis 49jährigen[44] und in praktisch

---

42 Joachim Bischoff et al.: *Europas Rechte*, a.a.O., S. 99 – die Darstellung zum FN stützt sich weitgehend auf die Aussagen in diesem Buch.

43 Ebd., S. 104.

44 Nach den bei Bischoff et al. auf S. 109 zitierten Aussagen von »Le Monde« vom 5. März 2015 ist der Altersdurchschnitt der FN-Wählerschaft der niedrigste Altersdurchschnitt der Wähler/innen aller Parteien.

allen Regionen außer den beiden größten Städten des Landes und den kleinen Kommunen mit nur um die 100 Einwohnern. Das Programm kommt allen vertraut vor, die sich mit dem der AfD befasst haben: Immigration stoppen, Grenzsicherung stärken, Migranten die sozialen Leistungen kürzen oder streichen, Arbeitsplätze durch Abschottung gegenüber dem Ausland sichern, Steuern senken, Kleinhändler und Handwerker von Bürokratie befreien, die Identität Frankreichs als weiße und christliche Nation hochhalten.

Interessant und vielleicht für die weitere Entwicklung auch in Deutschland quasi vorbildlich ist eine Nuance der innerparteilichen Entwicklung und der äußeren Darstellung des FN: In einer zeitweilig bizarren Auseinandersetzung mit ihrem eigenen Vater, dem Gründer des FN, und ihrer Nichte, der Europa-Abgeordneten Marion Maréchal Le Pen, die beide eine traditionell rechtsextreme Linie verfolgen, »versucht Marine Le Pen, die Partei (und sich selbst) regierungsfähig zu machen«.[45] Zu diesem Zweck sind einige traditionell eher linke soziale und ökonomische Forderungen ins Parteiprogramm übernommen worden; überhaupt ordnet die Partei sich selbst in den öffentlichen Debatten als weder rechts noch links ein. Die sozialen/politischen Etikettierungen verschwinden allerdings dort, wo die Wählerunterstützung die Partei in Entscheidungspositionen trägt – in jenen Städten, die inzwischen schon vom FN regiert werden, werden auch über die für die Betreuung von Flüchtlingen notwendigen Stellen hinaus massiv öffentliche Stellen abgebaut.

Der Fokus der Parlamentsparteien richtet sich nun auf die für den 23. April 2017 terminierte elfte Wahl eines Staatspräsidenten – mehr noch aber auf den Termin der Stichwahl am folgenden 7. Mai. Ein erster greller Hinweis auf die neuen politischen Kräfteverhältnisse war die Stichwahl vom 5. Mai 2002, bei der das traditionelle Links-Rechts-Schema durchbrochen wurde, indem nicht ein linker Kandidat, sondern der Gründer des FN, Jean-Marie Le Pen, den späteren Präsidenten Jacques Chirac in die Stichwahl zwang. Das, was damals noch ein Alarmsignal war, wird heute allgemein erwartet: Le Pen in der Endrunde.

Auf den Britischen Inseln erreichte die in vielen Programmpunkten der AfD sehr ähnliche United Kingdom Independence Party (Ukip),[46] die be-

---

45 Ebd., S. 110.
46 Die Ukip fordert unter anderem die Einführung von Referenden, eine Erweiterung des Militärbudgets, den Verzicht auf Klimaschutz-Anstrengungen, einen Stopp der »unkontrollierten Einwanderung«, das Verbot von Burkas und Niqabs in öffentlichen Gebäuden usw.

zeichnenderweise ein Pfund-Zeichen im Parteiwappen trägt, bei ihrem ersten Antritt zu einer Wahl 1994 ein Prozent der Stimmen, bei den ersten EU-Wahlen 1999, die nicht dem Mehrheitswahlrecht unterliegen, aber bereits sieben Prozent der abgegebenen Stimmen. Das steigerte sich bei den beiden folgenden EU-Wahlen 2004 und 2009 auf jeweils gut 16 Prozent und erreichte einen vorläufigen Höhepunkt bei der Europawahl 2014, als die Ukip mit 28 Prozent stärkste britische Partei wurde. Das Mehrheitswahlrecht schränkte die Durchschlagskraft der Partei im Inneren deutlich ein. Bei den Wahlen für das parlamentarisch entscheidende Unterhaus in Westminster ging die Partei 2010 trotz 3,1 Prozent der Stimmen leer aus, und am 7. Mai 2015 reichten 12,6 Prozent dann nur für einen einzigen Sitz.

Diese Diskrepanz zwischen Wählerresonanz und politischem Einfluss mag einer der Gründe dafür sein, dass auch in Deutschland sich die Stimmen mehren, auf den Erfolg der AfD mit einer Änderung des Wahlrechts zu reagieren,[47] weil dadurch die Regierungen stabiler würden. Nach dem Referendum über den Austritt Großbritanniens am 23. Juni 2016 sind entsprechende Forderungen in England allerdings deutlich leiser geworden – die Mehrheiten gegen das etablierte Partei-Establishment haben sich andere Wege gesucht. Trotz gegenteiliger Plädoyers aller Parteien des Unterhauses (den einen Vertreter der Ukip ausgenommen) haben knapp 52 Prozent der Wahlbeteiligten für einen Austritt Großbritanniens aus der EU votiert.[48] In denselben Kreisen, die nun für ein Mehrheitswahlrecht plädieren, werden die Turbulenzen nach der Brexit-Abstimmung zum Beleg dafür genommen, dass Siege der so bezeichneten Rechtspopulisten einen »Beitrag zur Entlarvung des Populismus« liefern würden,[49] welcher sich regelmäßig beim »Test durch die Wirklichkeit« blamiere. Das ist blauäugig. Zum einen zeigt ein Blick nach Osten, dass nicht alle rechten Kräfte diesem »Test durch die Wirklichkeit« ausweichen. Zum anderen begreifen diese Kommentatoren die inneren Triebkräfte der auf den Begriff »Populismus« verkürzten Bewegungen nicht. Die Hoffnungen auf ein rasches Ende dieser Bewegungen werden sich, wie immer das Wahlrecht aussieht, nicht erfüllen.

---

47 So zum Beispiel Alan Posener in der »Welt« vom 24. Mai 2016, der mit Blick auf Großbritannien und die USA die These aufstellte, dass »Staaten mit Mehrheitswahlrecht stabiler sind«.
48 Es mutet wie Pfeifen im Walde an, wenn die »Verdi News für Aktive« die aktiven Gewerkschaftsmitglieder mit der Überschrift beruhigt: »Nur 27 Prozent der Einwohner Großbritanniens wollen die Union verlassen«, dann darauf verweist, dass sich 72 Prozent der Berechtigten an der Wahl beteiligt hätten, und ergänzend »die fast 20 Millionen Einwohner/innen« anführt, »die als Kinder, Jugendliche oder Migranten gar nicht abstimmen durften« – »Verdi News« Nr. 10, 2. Juli 2016, S. 2.
49 Eckart Lohse: »Entlarvung des Populismus«, »FAZ«, 6. Juli 2016.

Nach dem Brexit-Votum gerieten die politischen Strukturen auf den Britischen Inseln heftig in Bewegung: Der Tory-Vorsitzende und Premierminister David Cameron warf hin, der designierte Nachfolger und Brexit-Propagandist Boris Johnson trat als Nachfolgekandidat gar nicht erst an, der Vorsitzende der Ukip, Nigel Farage, dankte ebenfalls ab, weil er »sein Leben zurückhaben« wolle,[50] und der Labour-Vorsitzende Jeremy Corbyn musste ein Misstrauensvotum der Mehrheit der Abgeordneten seiner Partei im Unterhaus über sich ergehen lassen. Seit der Regierungsübernahme durch Theresa May am 13. Juli 2016 hat sich die politische Lage vordergründig stabilisiert – bis zu den nächsten Unterhauswahlen jedenfalls. Die Ereignisse in Großbritannien zeigen vor allem, dass die Versuche, die Turbulenzen, die sich gegenwärtig in den kapitalistischen Zentren auf der politischen Oberfläche zeigen, durch Wahlrechtsänderungen, Bildung von Einheitsfronten und ähnliche Manöver in den Griff zu bekommen, immer weniger erfolgreich sind. Allein das sollte Grund genug sein, nach tieferliegenden Gründen für diese Erscheinungen zu suchen. Bevor wir das tun, blicken wir weiter nach Westen – über den großen Teich.

Verglichen mit Frankreich und Großbritannien ist die Entwicklung in den Vereinigten Staaten von Amerika schon weiter: Am 8. November 2016 wurde der Immobilienhändler Donald Trump (zunächst per Abstimmung über die Zusammensetzung der »Wahlmänner«) als Kandidat der Republikaner zum 45. Präsidenten der USA gewählt – er hatte sich gegen seine Konkurrentin von den Demokraten, Hillary Clinton, durchgesetzt, die wiederum im innerparteilichen Wettbewerb den »Sozialisten« Bernie Sanders hinter sich gelassen hatte.[51] Wie Frauke Petry und Marine Le Pen ihre nationalen Kulturen vor allem durch Migranten aus Nordafrika bedroht sehen, argwöhnt Donald Trump eine solche »Gefahr« für Amerika durch mexikanische Immigranten: »Sie bringen Drogen, sie bringen Kriminalität mit sich. Sie sind Vergewaltiger. Und einige, so vermute ich, sind gute Menschen.«

Trumps Programm liegt für jeden, der es lesen mag, in Buchform vor.[52] Sowohl dort als auch in seinen Reden hat der im Januar 2017 offiziell ins Amt eingeführte neue US-Präsident Positionen ausgeprägt, die denen der euro-

---

50 »FAZ«, 5. Juli 2016.
51 Wer einen linken Blick auf die Vorgänge um die Präsidentschaftskandidatur werfen möchte, lese die Artikel von Kurt Stand »Trumps Basis und Netzwerk«, »Ossietzky« 9/2016, und »Sanders und die Kraft der Veränderung«, »Ossietzky«, 13/2016.
52 Deutsche Übersetzung: Donald J. Trump: *Great Again – Wie ich Amerika retten werde.* Kulmbach 2016; das Original trägt übrigens den Titel *Crippled America* (»Verkrüppeltes Amerika«).

päischen Rechtsparteien gleichen: Verschärfung des Grenzregimes, Hetze gegen Ausländer und Anderslebende: Nach dem Massaker in Orlando/Florida in der Nacht zum Sonntag, dem 12. Juni 2016, dem 50 Menschen, die meisten von ihnen Homosexuelle, zum Opfer gefallen waren, erklärte Trump: »Ich habe gesagt, dass so etwas passieren wird, weil unsere Führungsfiguren schwach sind – und es wird nur noch schlimmer werden.«[53] Er forderte ein pauschales Einreiseverbot für Muslime und setzte es in einem seiner ersten Dekrete, bei Drucklegung dieses Buches noch durch entgegenstehende Gerichtsentscheidungen blockiert, in die Tat um. Seine politischen Vorstellungen kreisen um die Absicht, vor allem für die weißen US-Bürger den Zustand der fünfziger Jahre wiederherzustellen. So oft wie in den Aussagen der AfD das Wort »wieder« erscheint, so oft erscheint bei Trump das Wort »again«.

Stärker allerdings als sozialpolitische rücken bei ihm ordnungspolitische Forderungen in den Mittelpunkt. Das ist schon deshalb nicht verwunderlich, weil Gewalt in den USA weitaus sichtbarer den Alltag prägt als in den meisten zentraleuropäischen Staaten. Unter der Überschrift »Auf den Straßen von Chicago geschieht es jeden Tag« berichtete beispielsweise die »FAZ« am 2. April 2016: »Zwischen dem 1. Januar und dem 30. März dieses Jahres gab es in Chicago insgesamt 739 Opfer von Schusswaffengewalt, 150 Tötungsdelikte wurden bislang gezählt.« Das ist – auch verglichen mit den entsprechenden Vorjahreszahlen – für die USA zwar ein trauriger Spitzenwert. Aber insgesamt ist die offen gewalttätige Eruption der sozialen Verwerfungen moderner kapitalistischer Staaten in dem mächtigsten dieser Länder deutlich ausgeprägter als in den anderen Zentren dieses Systems. Die Grundlage der Gewaltexzesse ist allerdings nicht ordnungspolitischer, sondern letztlich ökonomischer Natur – wie selbst die »FAZ« am 6. Mai 2016 in einem Kommentar nach Trumps Sieg bei den Vorwahlen in Indiana feststellte: »Der Aufruhr der weißen Amerikaner lässt sich nicht mit dem Hinweis abwürgen, es gehe ihnen besser als Afroamerikanern oder Einwanderern aus Lateinamerika. Automatisierung und Globalisierung haben in Amerika zu Deindustrialisierung geführt. Vielerorts ist zwar ein Strukturwandel gelungen, aber viele Dienstleister von heute verdienen schlechter als die Industriearbeiter von gestern. Ein wirtschaftlicher Aufschwung macht sich im Geldbeutel vieler Familien nicht bemerkbar. Jeder fünfte weiße Mann zwischen 30 und 50 Jahren hat keine Arbeit. Die Lebenserwartung geringqualifizierter Weißer sinkt wegen

---

53 Zitiert nach »Welt«, 14. Juni 2016.

Selbstmorden, Alkoholismus und Drogensucht. In jedem Dorf zerstört billiges Heroin Familien. Die Elite hat über solche Sorgen nicht nur hinweggesehen. Viele ›einfache Leute‹ fühlen sich und ihre Lebensweise regelrecht verhöhnt. Mag in Amerikas besseren Kreisen heute die Verunglimpfung ethnischer oder sexueller Minderheiten verpönt sein, Spott gegenüber ›Rednecks‹ ist salonfähig. Diese ›Hinterwäldler‹ leben ja im ›flyover country‹, das viele Manager oder Meinungsmacher nur beim Metropolenhopping zwischen Ost- und Westküste überfliegen.« Im November 2016 haben die bisher den Wahlen ferngebliebenen weißen Männer der *flyover countries* an den Wahlgeräten zurückgeschlagen.

Im Bewusstsein der Trump-Anhänger handelt es sich bei ihrer Bewegung gegen das »Establishment« genauso um eine Rebellion oder gar Revolution wie im Bewusstsein der Anhänger von Front National, AfD, FPÖ, PiS oder Schwedendemokraten. Es ist eine Rebellion ohne Perspektive, aus marxistischer Sicht eine pervertierte Rebellion, so wie Imperialismus als Versuch, Kapitalismus planbar und grenzenlos zu machen, eine Art pervertierter Sozialismus ist. Aber es ist vor allem ein Aufstand von Millionen Menschen in den kapitalistischen Zentren, die Angst haben vor den Veränderungen, die schon mit ihnen geschehen sind oder die sie befürchten, denen gegenüber sie sich ohnmächtig fühlen und die, wie sie überzeugt sind, noch größere und bedrohlichere Veränderungen ankündigen.[54] Wer diese Rebellion nur als stumpfe Reaktion von weißen Dumpfbacken begreift, wird sie weder verstehen noch in ihrer perversen Ausprägung als in der Tendenz faschistische Bewegung bekämpfen können.

Bevor wir uns den Hauptursachen dieser Bewegung nähern, werfen wir noch einen Blick in die Peripherie der kapitalistischen Zentren, in der in der Regel verortet wird, was Trump, Le Pen, Petry und andere so massenwirksam als »Bedrohung« ausmalen. Dabei müssen wir zwischen der den Zentren unmittelbar benachbarten Peripherie und weiter entfernt liegenden Regionen unterscheiden. In der unmittelbaren Nachbarschaft – für die USA vor allem Mexiko und die anderen mittelamerikanischen Staaten, für das nordwesteuropäische Kerneuropa die südeuropäischen Länder – gibt es bemerkenswerterweise keinen Aufschwung rechter Massenbewegungen, die in Inhalt

---

54 Wir beschränken uns in diesem Buch auf zwei der drei Zentren, die sich im Kapitalismus des 20. Jahrhunderts herausgebildet haben. Japan spielt insofern eine Sonderrolle, als es erstens gegenüber Westeuropa und den USA historisch deutlich später von der Peripherie ins Zentrum gerückt ist und es sich zweitens traditionell so rigide abschottet, dass die Immigrationsdiskussion dort keine Resonanz findet. Der Trend zu verstärkter Rechtsentwicklung innen- wie auch vor allem militär- und außenpolitisch macht aber auch um Japan keinen Bogen.

und Dynamik den bisher behandelten Erscheinungen ähneln würden. Mexiko wird seit 2012 von Enrique Peña Nieto, dem Kandidaten der seit Jahrzehnten die Politik des Landes prägenden PRI (Partido Revolucionario Institucional), regiert, die im Sommer 2016 selbst einen »Generalangriff auf den am besten organisierten Teil der Opposition gegen den Neoliberalismus« führte, wie Gabriel Herrera von der Lehrergewerkschaft CNTE formulierte.[55] Die Proteste gegen die Privatisierung des Schulsystems wurden von der Polizei mit Waffengewalt niedergeschlagen; mindestens neun Streikende Mitte Juni in Oaxaca von der Polizei getötet. Eine mit Trump oder Le Pen vergleichbare Herausforderung dieser rechten Regierung zeichnet sich dort nicht ab – vielleicht auch, weil rechts von der PRI wenig Platz ist.

In den südeuropäischen Ländern spielen zwar Parteien wie die griechische »Morgenröte« eine wichtige Rolle. Aber der Protest gegen die Maßgaben aus Berlin und Brüssel stärkt von Portugal über Spanien bis nach Griechenland eher sich als links verstehende Parteien wie Syriza oder Podemos. Ohne das an dieser Stelle vertiefen zu wollen, sei der Hinweis erlaubt: Die auf Reformen innerhalb des Konglomerats Tauschwirtschaft – Markt – Geld – Staat setzenden, also linksreformistischen Kräfte, die sich im Moment vor allem um Syriza oder Podemos scharen, sollten die weitere Entwicklung insbesondere in Lateinamerika genau verfolgen und ihre Lehren aus den dortigen Veränderungen ziehen. Dort sind in einigen Ländern – von Brasilien über Kolumbien bis Venezuela – linke Kräfte mit je verschiedener, im Grundsatz aber reformistischer politischer Agenda an die Regierung gekommen. Ohne das kapitalistische System in seinen Fundamenten anzugreifen oder auch nur in Frage zu stellen, beschränkten sich ihre politischen Maßnahmen jedoch auf gerechtere Verteilung und etwas mehr Staat statt Markt, also auf Maßnahmen innerhalb des Systems. Das Ergebnis gleicht einer politischen Donquichotterie: Nach einem mit großen Hoffnungen verbundenen gesellschaftlichen Aufbruch werden die Resultate linker, aber systemkonformer Regierungen ökonomisch, sozial und politisch für immer mehr Menschen ernüchternd, so dass etwa auch die Anhänger des damaligen brasilianischen Präsidenten Lula oder des verstorbenen venezolanischen Präsidenten Chávez konstatieren müssen: »Nach eineinhalb Jahrzehnten linker Hegemonie von Argentinien bis Venezuela drängen reaktionäre Kräfte

55 »Krieg gegen Lehrer«, »Junge Welt«, 22. Juni 2016.

erneut an die Macht.«[56] In der Konsequenz droht auch in Südamerika das, was sich in weiten Teilen Afrikas, aber zunehmend auch Asiens entfaltet und was der Krisentheoretiker Robert Kurz auf den Begriff einer »Plünderungsökonomie (...) als Kehrseite des abgehobenen Finanzkapitalismus« gebracht hat.[57] Eine solche Entwicklung scheint mehr und mehr das Schicksal der Peripherie des kapitalistischen Systems zu sein, die sich längst weit in die Zentren vorgefräst hat.

Aus der Peripherie setzen sich große Menschengruppen in Bewegung, die durch den zum Weltsystem gewordenen Kapitalismus ihrer Lebensgrundlagen beraubt wurden und nun verzweifelt versuchen, in die Wohlstandsfestungen zu gelangen, in denen zumindest das Versprechen einer glänzenden Zukunft herumgeistert. Mehr als 65 Millionen Menschen, berichtete Mitte Juni 2016 das Flüchtlingswerk der Vereinten Nationen (UNHCR) sind inzwischen als »Zwangsvertriebene« auf der Suche nach (besseren) Lebensmöglichkeiten – teilweise noch im Rahmen der (oft noch von den Kolonialmächten willkürlich gezogenen) Landesgrenzen, zunehmend aber auch in entfernteren Gegenden. Diese Flüchtlingsbewegungen befördern, das scheint offensichtlich, den Aufstieg der reaktionären Kräfte von der AfD über den FN bis hin zu Donald Trump. Diese beziehen ihren Ruf als Schutzmächte des Wohlstands aus ihrer rücksichtslosen Frontstellung gegen eine vermeintliche Invasion »von außen«. Die in Bewegung gesetzten Wesen kommen aber nicht vom Mars. Sie reagieren letztlich auf Entwicklungen, die ihren Ausgangspunkt in den Rebellenzentren selbst haben. Pervertieren heißt auf deutsch »verdrehen, verfälschen, ins Gegenteil verkehren«. Das, was als Abwehr einer aus der Fremde kommenden Bedrohung ausgegeben wird, reagiert nicht auf etwaige Entwicklungen (Flucht, Migration) dort; vielmehr haben diese ihre Ursache, wie zu zeigen sein wird, in den Ländern der Abwehrfront. Die AfD und andere Rechtsbewegungen formieren eine Rebellion gegen etwas, das nur das nach außen projizierte Eigene ist. Sie sind insofern Partei gewordene pervertierte nationale Rebellionen.

---

56 »Junge Welt«, 28. Mai 2016.
57 Robert Kurz: *Weltordnungskrieg. Das Ende der Souveränität und die Wandlungen des Imperialismus im Zeitalter der Globalisierung*, Bad Honnef 2003, S. 54 – auch ohne weitere Einzelhinweise ist die nachfolgende Darstellung stark von diesem und anderen Werken des 2012 verstorbenen Robert Kurz geprägt; wichtig sind neben dem *Weltordnungskrieg* insbesondere Kurz' Bücher *Kollaps der Modernisierung. Vom Zusammenbruch des Kasernensozialismus zur Krise der Weltökonomie* (Frankfurt a. M. 1991), *Schwarzbuch Kapitalismus. Ein Abgesang auf die Marktwirtschaft* (Frankfurt a. M. 1999) und *Geld ohne Wert. Grundrisse zu einer Transformation der Kritik der politischen Ökonomie* (Berlin 2012).

Werfen wir einen Blick auf die sogenannte Flüchtlingskrise, deren Beschwörung so großen Anteil am Wachstum nationaldemagogischer Bewegungen in den kapitalistischen Festungen selbst hat.[58]

3.2. Die sogenannte Flüchtlingskrise – ökonomische Aspekte der großen Wanderung

Die Diskussion um die Fluchtbewegung vor allem aus Nordafrika, die zur Zeit Europa und hier in erster Linie die nördlichen Länder zum Ziel hat, ist bislang auch auf der Linken vor allem unter moralischen und politischen Gesichtspunkten geführt worden. Im folgenden sollen ergänzend dazu aus marxistischer Sicht vor allem ökonomische Aspekte der gegenwärtigen Wanderungs- und Fluchtbewegungen beleuchtet werden. Diese Hinweise gliedern sich, ohne Anspruch auf Vollständigkeit, in Betrachtungen zu den Wanderungsursachen, dem Wanderungsvollzug und den Wanderungsfolgen sowohl für die Aus- als auch für die Einwanderungsländer und hier insbesondere Deutschland. Zunächst eine Vorbemerkung:

3.2.1. Vertraute und neue Fragestellungen

In der ersten Ausgabe der »Marxistischen Blätter« des Jahres 2016, die das Thema »Flucht« zum Schwerpunkt hat, findet sich ein bemerkenswerter, nun schon 26 Jahre alter Artikel von Lothar Elsner zu einigen Aussagen von Marx, Engels und Lenin zur Frage der »Arbeiterwanderungen«. In dem Artikel wird die Resolution des Stuttgarter Sozialistenkongresses vom August 1907 zur »Ein- und Auswanderung der Arbeiter«, an dessen Erarbeitung sich auch Wladimir Iljitsch Lenin beteiligt hatte, erwähnt. Die Resolution lohnt einen genaueren Blick und eine Wiedergabe der Einleitung des bemerkenswert aktuellen Textes:

Die Ein- und die Auswanderung der Arbeiter sind vom Wesen des Kapitalismus ebenso unzertrennliche Erscheinungen wie die Arbeitslosigkeit, Überproduktion und Unterkonsumtion der Arbeiter. Sie sind oft ein Mittel, den Anteil der Arbeiter an der Arbeitsproduktion herabzusetzen, und nehmen zeitweise durch politische, religiöse und nationale Verfolgungen anormale Dimensionen an.

---

58 Trotz der da und dort propagierten »Willkommenskultur« haben die sie tragenden politischen Kräfte von ihr bei Wahlen nicht profitiert, worauf Horst Kahrs zu Recht hinweist, wenn er feststellt: »Während die soziale Bewegung der Flüchtlingsabwehr und Menschenfeinde eine parlamentarische Repräsentanz gefunden hat, ist dies bei den Millionen Aktiven, die sich bei der praktischen Aufnahme von Flüchtlingen engagieren, nicht der Fall.« – Horst Kahrs: »Eine erneute Zäsur im Parteiensystem«, a.a.O., S. 6.

Der Kongress vermag ein Mittel zur Abhilfe der von der Aus- und Einwanderung für die Arbeiterschaft etwa drohenden Folgen nicht in irgendwelchen ökonomischen oder politischen Ausnahmemaßregeln zu erblicken, da diese fruchtlos und ihrem Wesen nach reaktionär sind, also insbesondere nicht in einer Beschränkung der Freizügigkeit und in einem Ausschluss fremder Nationalitäten oder Rassen.

Dagegen erklärt es der Kongress für eine Pflicht der organisierten Arbeiterschaft, sich gegen die im Gefolge des Massenimports unorganisierter Arbeiter vielfach eintretende Herabdrückung ihrer Lebenshaltung zu wehren, und erklärt es außerdem für ihre Pflicht, die Ein- und Ausfuhr von Streikbrechern zu verhindern. Der Kongress erkennt die Schwierigkeiten, welche in vielen Fällen dem Proletariat eines auf hoher Entwicklungsstufe des Kapitalismus stehenden Landes aus der massenhaften Einwanderung unorganisierter und niederer Lebenshaltung gewöhnter Arbeiter aus Ländern mit vorwiegend agrarischer und landwirtschaftlicher Kultur erwachsen, sowie die Gefahren, welche ihm aus einer bestimmten Form der Einwanderung entstehen. Er sieht jedoch in der übrigens auch vom Standpunkt der proletarischen Solidarität verwerflichen Ausschließung bestimmter Nationen oder Rassen von der Einwanderung kein geeignetes Mittel, sie zu bekämpfen.

Es folgt ein Katalog von Maßnahmen, die der Kongress empfiehlt, die ebenfalls von erstaunlicher – angesichts der seitdem vergangenen 110 Jahre trauriger – Aktualität sind, wie die Forderung nach »Einführung eines Minimallohnsatzes«, und eine ebenfalls traurig aktuelle Thematisierung dessen, was heute unter dem Schlagwort »Schlepper« oder »Schleuser« diskutiert wird: »Da die Arbeiterauswanderung außerdem oft durch Eisenbahn- und Dampfschiffsgesellschaften, durch Landspekulanten und andere Schwindelunternehmungen, durch Erteilung falscher erlogener Versprechungen an die Arbeiter künstlich stimuliert wird, verlangt der Kongress: Überwachung der Schiffsagenturen, der Auswanderungsbüros, eventuell gesetzliche oder administrative Maßnahmen gegen diese, um zu verhindern, dass die Auswanderung für die Interessen solcher kapitalistischen Unternehmungen missbraucht werde.« Hinsichtlich der Transportwege der damaligen Wanderung empfiehlt der Kongress dann eine »Überwachung der Bestimmung durch Inspektoren mit Disziplinargewalt, welche aus den Reihen der gewerkschaftlich organisierten Arbeiter des Einwanderungs- sowie des Auswanderungslandes zu bestellen sind ...« – das wäre doch mal eine Aufgabe für Funktionäre des DGB-Apparats. Die man aber vielleicht doch besser nicht erwägt: Die deutschen Gewerkschaftsfunktionäre des Jahres 2017 sind nicht mehr die des Jahres 1907.

In dieser Resolution sind die Grundorientierungen allgemein linker Politik enthalten, die bis heute gültig sind:

• Solidarität mit den Wandernden, also heute: den Fliehenden.

• Keine Beschränkung der Freizügigkeit, so verständlich das Liebäugeln damit auf den ersten Blick auch zu sein scheint.

• Kampf um die erreichten Standards in den entwickelten kapitalistischen Ländern (Mindestlohn).

Die Resolution von 1907 ist deshalb so aktuell, weil sie auf Ursachen und Zusammenhänge verweist, die heute noch wirkungsmächtiger geworden sind, als sie vor 110 Jahren bereits waren.

3.2.2. Ökonomische Triebkräfte

Karl Marx ist bekanntlich nicht dadurch ein herausragender Theoretiker geworden, dass er dem zu seiner Zeit aufstrebenden Kapitalismus Krisen prophezeit hätte. Er hat in seinem ökonomischen Hauptwerk weit mehr getan. Er hat die auf dem Tauschwert beruhende Produktion als ein alle ihr gesetzten Schranken niederreißendes, dynamisches, unentwegt Geld zu mehr Geld, G zu G′ machendes System analysiert, das nicht lediglich von Krise zu Aufschwung, weiter zum Abschwung und zur nächsten Krise so wechselt wie sich Winter, Frühjahr, Sommer und Herbst regelmäßig abwechseln. Vielmehr führt seine Analyse zu der Schlussfolgerung, dass der Kapitalismus über einen integrierten Selbstzerstörungsmechanismus verfügt und dass er über kurz oder lang letztlich an einer »wahren Schranke«, die im Wesen des Kapitalismus selbst liegt, scheitern wird. Den Kern dieser Analyse kennt jeder marxistisch informierte Mensch: Wertbildend ist in dieser Gesellschaftsordnung nur die Ware Arbeitskraft. Sie aber wird, getrieben durch die Konkurrenz, dieses alles bestimmende Prinzip, beständig und zunehmend aus dem Produktionsprozess herausrationalisiert.

Das, was uns als »Flüchtlingskrise« verkauft wird, ist der an den Flüchtlingen exekutierte Beginn der finalen Krise des kapitalistischen Systems. Er ist der schreiendste Teil der Krise des Kapitalismus, die unser Leben in den nächsten Jahren und Jahrzehnten bestimmen wird. Rein auf der beschreibenden Ebene hat hier die AfD gegenüber allen Beschönigungsversuchen der etablierten Parteien recht, wenn sie in ihrem Programm von einer »Völkerwanderung historischen Ausmaßes« spricht, bei der »wir erst am Anfang weltweiter, bisher unvorstellbarer Wanderungsbewegungen in Richtung der wohlhabenden europäischen Staaten stehen«.[59] Das wird deutlich, wenn wir uns die hinter den politischen und militärischen, also den unmittelbaren Krisenauslösern liegenden ökonomischen Prozesse der Wanderungsbewegung ansehen.

Mit millionenschweren Subventionen aus öffentlichen Kassen ist vor einigen Jahren in Wietze/Niedersachsen ein Geflügelschlachthof errichtet worden, in dem pro Stunde bis zu 24.000 Hühner getötet und verarbeitet werden. Dort arbeiten 380 Menschen und vielleicht noch 20 Leute von Wach- und Schließgesellschaften, weil es gegen diese Schlachtfabrik zeitweise erheblichen örtlichen Widerstand gab – also insgesamt rund 400 Menschen. Auf den europäischen Märkten werden von den Tieren, die in Wietze hochproduktiv getötet und verarbeitet werden, vor allem Brustfilets und Schenkel abgesetzt. Wie im Fall anderer Agrarfabriken auch gehen die hierzulande nicht profitabel absetzbaren Teile dorthin, wo auch das sogenannte Hühnerklein – also der von den kapitalistischen Wohlstandsgesellschaften verschmähte Rest – noch verkäuflich ist. Also in Gegenden, in denen tierisches Fett und Eiweiß gebraucht werden. Am 21. Oktober 2014 berichtete der TV-Sender Sat1 über eine weitere Verwertungsschiene. Von den in Deutschland erzeugten 445.000 Tonnen Geflügelfleisch, die 2012 in den Export gingen, wurden 47.000 Tonnen nach Afrika verschifft. Aus der gesamten EU sind allein in Ghana 90.000 Tonnen gelandet – mit der Folge, dass dort neun von zehn Hühnerfarmen vom Markt verschwunden sind.

Die »Zeit« präzisierte am 20. Januar 2015 diese Angaben und wies darauf hin, dass sich die Exporte von Hähnchenfleisch aus der EU in afrikanische Länder seit 2009 fast verdreifacht haben – auf jetzt 592.000 Tonnen. Gegen solche Massenimporte industriell erzeugter Nahrungsmittel haben die kleinbäuerlichen Strukturen Afrikas und Asiens keine Chance. Die Bauern Afrikas, berichtet das linker Unterstellungen gänzlich unverdächtige Blatt, hätten Produktionskosten von 1,80 Euro pro Kilo Hähnchenfleisch – europäisches aber koste nur die Hälfte. Würden nun die afrikanischen Staaten, um diesen Nachteil auszugleichen, einen Zoll von 50 Prozent auf europäisches Hühnerklein oder ganze Hähnchen erheben, könnten sie ihre eigenen Produzenten schützen. Das dürfen sie aber nicht, weil Handelsabkommen mit der EU seit 2015 nur noch einen Zoll von 35 Prozent erlauben. Damit kostet

59 Programm der AfD, Abschnitt 9.1.1.

das Kilo Hähnchenfleisch aus der EU eben trotz Transport- und sonstigen Kosten immer noch lediglich 1,20 Euro und damit so viel weniger als einheimische Produkte, dass die zuvor in den landwirtschaftlichen Produktionsstätten tätigen, überwiegend jungen Menschen in Scharen arbeits- und perspektivlos werden. Ähnliches wie bei der Fleischproduktion gilt für Tomaten, Kartoffeln und solche Produkte, die Lebensbedürfnisse wie die nach Kleidung oder Wohnungseinrichtungen befriedigen und die jahrtausendelang von einheimischen Handwerkern gefertigt worden waren.

Ein akuter Anstoß für die millionenfache Wanderung aus den Elendsregionen der Welt, die vor einigen Jahren eingesetzt hat, sind die militärischen Konflikte. Hinzukommt die Kürzung von Lebensmittelrationen in den Flüchtlingscamps Nordafrikas; auch sie sind zu einem wesentlichen Auslöser der Massenwanderung geworden. Aber sie konnten nur wirken, weil sich diese Lager mit Menschen gefüllt hatten, die der globale Kapitalismus in ihrer Heimat ökonomisch entwurzelt hatte. Die Staaten Westeuropas haben Nordafrika mit Billigfleisch und Waffen bombardiert und erhalten als Antwort die erwerbslos gemachten und mit dem Tod bedrohten Menschen zurück. Am Fallbeispiel gebildet: Die von Wietze erwerbslos gemachten Afrikaner/innen machen sich auf den Weg, um einen der in Wietze bestehenden 400 Arbeitsplätze zu ergattern.

Der heutige Kapitalismus zieht nur mehr im Einzelfall in die Welt, um fremde Arbeitskraft auszubeuten. Seine Produktivität hat Ausmaße angenommen, die es ihm erlauben, die von Marx so bezeichnete industrielle Reservearmee in ein stehendes Heer dauerhaft »überflüssiger« Arbeitskraft zu verwandeln – die Arbeiterklasse hat sich, wie von Marx angekündigt, in eine Klasse der Arbeiter, Angestellten und dauerhaft Ausgegrenzten verwandelt.

Nach Europa, ins Zentrum der Bestie, kommen allerdings nicht die völlig Mittellosen. Diese gehen in ihren Geburtsländern oder auf der von Verzweiflung und Geldnot beherrschten Flucht vor dem heimatlichen Elend zugrunde. Das US-Magazin »Time« veröffentlichte am 18. Januar 2016 einen Bericht unter der Überschrift »Warum Afrikaner immer noch ihr Leben riskieren, um nach Europa zu emigrieren«.[60] In ihm wird anhand des Beispiels eines während der Emigration getöteten Mannes aus Äthiopien beschrieben, wie vor allem die in ihrer Region relativ gutgestellten Männer mit Hilfe der »Schmuggler« fliehen. Mahamed Yahya, afrikanischer Koor-

---

60 Übersetzung, wie auch im folgenden, aus: »Time Magazine« (18.1. 2016), page 10 f.

dinator des UN Development Programme (UNDP) wird mit dem Satz zitiert: »Die Leute, die wir verlieren, sind ökonomisch aktiv, sie sind dynamisch, sie sind diejenigen, die sich weigern, weiter in Armut zu leben. Das sind die Leute, die Afrika braucht.« Sie zahlen für die Flucht gegenwärtig Summen von 3.000 bis 4.000 Dollar – jeweils in Teilraten zu übergeben, wenn ein bestimmter Punkt auf dem Weg vom Aus- ins Einwanderungsland erreicht ist. Gefragt, ob sie denn nicht durch die Meldungen über die vielen Opfer auf der Strecke abgeschreckt würden, antwortet einer der Migranten laut »Time«: »Lass uns davon ausgehen, dass neun von zehn durchkommen und einer stirbt. Warum sollte ich denken, dass ich dieser eine sein werde?«

Die Skandalisierung der Fluchthelfer ist der zynischste Teil der Flüchtlingsdebatte. Die »Bildzeitung«, die dem im Mittelmeer ertrunkenen dreijährigen Aylan Kurdi am 4. September 2015 drei Seiten widmete, richtete die von ihrem Bericht erzeugte Wut der Leser in Fettdruck auf diejenigen, die die Flucht unterstützten: »Und was wurde aus den Schleusern, die die Tragödie zu verantworten haben?« An diesem Satz ist zweierlei bemerkenswert. Zum einen sind Leute, die noch vor drei Jahrzehnten gefeierte »Fluchthelfer« waren, als sie Menschen bei der gefahrvollen Wanderung von Ost nach West unterstützten, negativ konnotierte »Schleuser« geworden, seitdem die Flüchtlinge vor allem von Süd nach Nord unterwegs sind. Die Redakteure des Blattes unterstellen ihren Lesern zweitens, dass sie die absichtsvolle Vertauschung von Ursache und Wirkung übersehen. Denn klar ist: Fluchtbewegungen haben nicht diejenigen zu verantworten, die einen Fliehenden mit welchen Mitteln und gegen welche Gegenleistung auch immer unterstützen. Verantwortlich sind diejenigen, die in den Ländern der Fliehenden Zustände herstellen oder herzustellen helfen, die so unerträglich sind, dass sich ganze Familien auf den Weg in andere Länder machen. Wenn es für ihre Flucht aber keine legalen Wege gibt, sind sie auf Kundige angewiesen, die auch illegale Wege öffnen. »Schlepperei« ist, wie der österreichische Journalist Franz Schandl vor einiger Zeit feststellte, nicht der Fluchtgrund, sondern ein Fluchtmittel. Und ohne Fluchthelfer – pardon: »Schlepper« – sind die Flüchtlinge schlechter dran als mit ihnen. Weil die ökonomischen Ursachen der Wanderungsbewegung nicht behoben sind und nicht behoben werden und weil die Grenzen kontrolliert und geschlossen bleiben, wird die Fluchtbewegung ebenso anhalten wie das Fluchthelfergewerbe gedeihen.

Die Durchführung der Flucht wird durch zwei ökonomisch basierte Zusammenhänge erleichtert: die weltweite Verbreitung schneller und kostengünstiger Informationssysteme und die Verminderung der Kosten für den Transport von Menschen. Anders als im 19. Jahrhundert sind zumindest die etwas wohlhabenderen Entwurzelten, die über Netzzugänge verfügen, schnell informiert über mögliche Zielländer, die dortigen Lebensbedingungen und die Routen, die zu ihnen führen. Sieht man von den Kosten einer Überwindung politischer Grenzen ab, ist heute die Reise von Zentralafrika nach Zentraleuropa deutlich schneller und kostengünstiger zu bewältigen als vor 100 Jahren. Die zuweilen als krisenmindernd beschworenen Folgen der wissenschaftlich-technischen Revolution werden so zu krisenbeschleunigenden Faktoren.

Der neben den Wanderungsursachen und dem Wanderungsvollzug dritte ökonomische Aspekt der Wanderungsbewegungen – die Beschaffung billiger und williger Arbeitskräfte in den Zielländern – spielte, wie gezeigt, in den programmatischen Auseinandersetzungen innerhalb der AfD eine zentrale Rolle. Den Ton hatte – ganz im Sinne von Henkel und Lucke – am 22. September 2015 die »FAZ« in einem Kommentar vorgegeben: »Sollen aus Flüchtlingen Arbeitnehmer werden, die einmal die Rente sichern, muss die Regierung ihnen zunächst juristisch den Weg in die Arbeit frei machen (...), wichtig wäre es, den Arbeitsmarkt aufnahmefähiger zu machen, statt ihn mit Mindestlohn, Hürden für Zeitarbeit und Werkverträge oder Arbeitsstättenverordnungen unzugänglicher zu machen. Es ist zur fixen Idee von Schwarz-Rot geworden, dass Arbeit allein nicht genügt, sondern dass es ›gute Arbeit‹ sein muss.«

Seitdem wird das Thema in den Medien hin und her gewendet; mittlerweile hat es Eingang in ein Beschlusspapier der stärksten Regierungspartei gefunden. Der Koalitionspartner SPD schloss sich zeternd an. Am 8. Februar 2016 lobte Hans-Werner Sinn im »Handelsblatt« die SPD-Arbeitsministerin Andrea Nahles dafür, dass sie Ein-Euro-Jobs für Flüchtlinge ins Gespräch gebracht habe, »denn mit diesen Jobs wird die Grundsicherung faktisch zu einem Lohn für einfache Arbeit«. Sinn vergleicht Nahles' Vorstoß mit seinem eigenen Vorschlag, »zu einem System mit Lohnzuschüssen und Leistungen für kommunale Arbeit überzugehen« – also zu einer Art Bundesarbeitsdienst (BAD). Nicht allein Fremdenfeindlichkeit, sondern auch die Ahnung , dass das Bedürfnis nach billigen Arbeitskräften eine der Ursachen für die »Willkommenskultur« gewesen ist, die einige Bereiche von Wirtschaft, Politik und Gesellschaft den zwar in der Regel arbeitslosen, aber oft gut ausgebildeten Syrern und anderen Flüchtlingen entgegenbrachten, bestimmt in Teilen die Skepsis vieler schlecht verdienenden, durchaus aber auch mancher bessergestellten Bundesbürger gegenüber den vermeintlichen Lohndrückerkolonnen, die nun aus der Peripherie unterwegs in die Wohlstandszentren sind. Diese Skeptiker (zu denen Rassisten hier nicht gerechnet werden) haben in einem recht: Kapitalismus kennt Pflanzen nur als Nutzpflanzen, Tiere nur als Nutztiere und Menschen nur als Nutzmenschen.

Die gegenüber Pflanzen nie, bei Tieren nur ausnahmsweise und bei Menschen lediglich in Zeiten, wo der Kapitalismus floriert, stärker vorkommende Relativierung dieses Nützlichkeitsprinzips sollte den Blick auf den unbedingten Verwertungszwang des Systems nicht trüben – in Kriegs- und Krisenzeiten könnte sein unkaschiertes Sichtbarwerden sonst schockieren und den Betrachter ins nackte Ressentiment ausbrechen lassen. Natürlich ist es zynisch, wenn Springers »Welt« am 9. Februar 2016 sich auf ihrer Titelseite überrascht gibt und fragt, wie es sein könne, »dass bei einem bayerischen Faschingsumzug eine Panzerattrappe mit der Aufschrift ›Asylabwehr‹ bejubelt wird«.[61] Das Manöver der AfD besteht nun darin, einerseits die Forderung nach einer Absenkung des Mindestlohns fallenzulassen und andererseits die aggressive Abwehr von Flüchtlingen mit Hilfe sozial- und ordnungspolitischer Maßnahmen noch zu verstärken. Das gilt für die Wahlkampfagitation, und es gilt dort, wo die nationaldemagogischen Kräfte in Regierungspositionen eingerückt sind, auch schon politisch-praktisch: »Oberösterreich hat als erstes Bundesland in der Alpenrepublik die Zahlungen an Asylberechtigte gekürzt. Mit den Stimmen der Regierungskoalition aus der konservativen Volkspartei ÖVP und der Rechtspartei FPÖ entschied der Landtag in Linz, die sogenannte Mindestsicherung für anerkannte Flüchtlinge von 914 auf 520 Euro im Monat zu verringern. Auf diese Weise will Oberösterreich in den kommenden drei Jahren rund 72 Millionen Euro sparen.«[62]

Ein Nebenaspekt der hier auftauchenden sozialen und ökonomischen Fragen betrifft die Finanzierung von Bildungsmaßnahmen. Die für die Integration von Flüchtlingen entstehenden Bildungs- und Ausbildungskosten werden vor allem in den Landeshaushalten anfallen, die inzwischen alle der Forderung des Neuverschuldungsverbots – »Schuldenbremse« genannt – unterworfen worden sind. Also werden spürbare Kürzungen bei Kindergärten,

---

61 Wer nicht völlig geschichtsblind ist, kann schon einem Foto dieses Vorgangs die geistige Verfassung der Urheber ablesen: Vorbild für die mit dem Balkenkreuz der Wehrmacht verzierte Panzerattrappe ist unverkennbar der von der Wehrmacht am häufigsten eingesetzte Panzer IV; auch die – wie in diesen Kreisen üblich – leicht verfremdete Kennzahl 142 wird wohl kein Zufall gewesen sein: Die Produktion dieses Typs erreichte wie auch die Ausdehnung des großdeutschen Einflussgebiets 1942 ihren Höhepunkt.
62 »Weniger Geld für Flüchtlinge in Österreich«, »FAZ«, 18. Juni 2016.

Schulen und Hochschulen befürchtet. Das hätte eine gewisse innere Logik: Zwar nicht im selben Umfang wie in den Jahren 1949 bis 1961, aber doch mit allerlei auch fiskalischen Hoffnungen wird der Zufluss von im Ausland (möglichst gut) ausgebildeten jungen Arbeitskräften hierzulande betrachtet. Es wäre aus borniert-kapitalistischer Sicht daher durchaus folgerichtig, die so günstig als Windfall-Profit eingefangenen Bildungsaufwendungen im Inland perspektivisch einzusparen.

Die sich vor unseren Augen weltweit entfaltende Kriegs- und Krisenzeit holt die vom Kapitalismus erzeugten Zerfallsprozesse, deren negative Erscheinungen bisher weitgehend außerhalb deutscher Grenzen gehalten werden konnten, »heim ins Reich«. Das gilt für die jetzige »Flüchtlingswelle«, und es wird auch für die am Horizont sich bereits abzeichnenden Klima-Flüchtlingswellen gelten. Auch sie haben weniger mit einem naturgegebenen Klima als vielmehr damit zu tun, dass der unersättliche Drang des Kapitals, aus G G' machen zu müssen, zwangsläufig immer mehr Naturressourcen verschlingt und dabei das Klima-Gleichgewicht der letzten Jahrtausende aus der Balance bringen muss und wird. Die daraus notwendig folgende Völkerwanderung und die angesichts der kapitalistischen Krise auch in den Zielländern dieser Wanderung absehbaren Abwehrreaktionen werden die politischen Verhältnisse so lange nach rechts verschieben, wie es nicht gelingt, die Ursache dieser Probleme – das kapitalistische Prinzip, Geld und seine Vermehrung zum alles bestimmenden Selbstzweck zu machen – ins allgemeine Bewusstsein zu heben.

Zuweilen hoffen wir als Marxisten auf den eigenen Irrtum. Aber wenn unsere Analysen zutreffen, dann ist die momentane große Fluchtbewegung vor allem Ausdruck der finalen Krise des Kapitalismus, der einerseits alle nichtkapitalistischen Wirtschaftsstrukturen auflöst, andererseits aber nicht mehr in der Lage ist, die von ihm massenhaft freigesetzte Ware Arbeitskraft noch zu ver-wert-en. Es wäre das Voraussetzung wie Grundlage der menschlichen Dramen, die sich um das Mittelmeer, in der mexikanischen Wüste und an anderen Orten des globalen Kapitalismus abspielen.

Die Debatten, die um die Haltung der Linken zur sogenannten Flüchtlingskrise zur Zeit toben und auf die wir noch zurückkommen werden, sind oft genug innerkapitalistische Debatten, also Debatten zwischen Menschenrechtsfundamentalisten und selbsternannten Realisten, die jedoch gemeinsam davon ausgehen, dass die Rahmenbedingungen – ein für weitere Jahrzehnte herrschender weltweiter Kapitalismus – am Beginn dieser Krise auch die Rahmenbedingungen an ihrem Ende sein werden. Die hier genannten Grundursachen führen zu einer anderen Annahme. Der 2015 verstärkt einsetzende, von Süd nach Nord ziehende Flüchtlingstreck ist das Vorbeben einer noch größeren historischen Tragödie – eines Epochenbruchs, der in unseren Tagen mit der Herausbildung der finalen Krise der »auf dem Tauschwert ruhenden Produktion« (Marx) beginnt.

Daher ist es, um an dieser Stelle auch das eigentlich Selbstverständliche noch zu betonen, vollkommen inakzeptabel, auf die jetzt nach Deutschland und in andere kapitalistische Zentren Fliehenden herabzusehen – sei es in der Rolle der heiligen Samariterin, sei es in der Rolle des abstiegsängstlichen Handwerkers (über brandsatzlegende Dumpfbacken müssen wir nicht erst reden). Die Flüchtlinge sind ein Spiegel, der uns ein Bild zeigt, das wir nicht sehen wollen. Sie zeigen uns unsere eigene Zukunft in der sich desintegrierenden kapitalistischen Welt: verzweifelt Fliehende vor Kräften, die Menschen zwar geschaffen, aber immer noch nicht begriffen haben.

Natürlich ist das für die Gründer und Gestalter der AfD kein Thema. In ihrer Abwehr all dessen, was auch nur entfernt nach Marxismus riecht,[63] sind sie blind gegenüber den Kräften im Epizentrum der gegenwärtigen Beben, das sich eben nicht in den vom Islam geprägten Ländern, sondern unter ihren eigenen Füßen befindet. Das macht diese politische Formation zwar perspektiv-, wahrscheinlich aber nicht wirkungslos: Wenn sie nicht noch gestoppt wird, wird sie die vor uns liegenden Auseinandersetzungen mit Mord und Totschlag anreichern.

3.3. Das Verständnis der Krise als Voraussetzung für das Verstehen der AfD und ähnlicher Bewegungen

Erhard Crome hat recht, wenn er gleich im ersten Satz seines Buches über die AfD schreibt: »In Zeiten der Krise bleiben Krisen im Parteiensystem nicht aus.«[64] Allerdings ist es verblüffend, wie wenig Diskussion es innerhalb der Rosa-Luxemburg-Stiftung, für die er arbeitet, der PdL, der er nahesteht und die mit ihren Wahlergebnissen dafür sorgt, dass die Stiftung die staatlichen Mittel erhält, von denen er sein Gehalt beziehen kann, und in weiteren Kreisen der deutschen Linken über die schlichte Frage gibt: Was ist eigentlich

---

63 So etwa, wenn es im Programm der AfD gleich in Kapitel 1 heißt: »Eine Geschichtsphilosophie, die von einer Höherentwicklung der individuellen menschlichen Moral ausgeht, halten wir für anmaßend und gefährlich.«
64 Erhard Crome: *AfD. Eine Alternative?*, a.a.O., S. 5.

der Charakter, was ist der Kern der gegenwärtigen Krise?[65] Krisen gab es im Kapitalismus bekanntlich immer – aber Erscheinungen wie die AfD und andere rechtsradikale Parteien in praktisch allen führenden kapitalistischen Ländern sind zwar, denken wir an die erste Hälfte des 20. Jahrhunderts, von mitunter brutaler Wirksamkeit, aber nicht eben häufig. Irgend etwas muss die gegenwärtige Krise daher von anderen Krisen unterscheiden. Fragen wir also trotz der merkwürdigen Unlust der staatlich subventionierten Linken auf die hier fällige Debatte nach dem Charakter der gegenwärtigen Krise. Die Beantwortung dieser Frage ist entscheidend auch für die Beantwortung nahezu aller wesentlichen strategischen und taktischen Fragen derjenigen politischen Kräfte, die den Anspruch erheben, den Kapitalismus zu überwinden.

Begreiflicherweise ist die Frage nach dem Charakter der gegenwärtigen Krise nicht zentral für eine Linke, die sich vor allem als eine den Kapitalismus zivilisierende Kraft innerhalb des Systems begreift oder die – wie der sonst hochverehrte Georg Fülberth (DKP) – davon ausgeht, dass der Kapitalismus auch in 500 Jahren noch existiert. Auf Basis dieser Annahmen und Vorsätze kann es tatsächlich für die jetzt lebenden Generationen nur darum gehen, die Folgen der Krise für Arbeiter, Arbeitslose, Angestellte und Flüchtlinge zu mildern und auf eine etwas humanere Variante des Kapitalismus zu drängen: Rhein statt Manchester. Letztlich wäre das der Weg in eine vor allem moralisch argumentierende Linke. Ein Weg für Menschen in der Tradition von Marx und Luxemburg ist das meines Erachtens nicht.

Beginnen wir erneut mit Marx. Die »auf dem Tauschwert ruhende Produktion« bricht »damit« zusammen, dass »die Surplusarbeit der Masse aufgehört (hat), Bedingung für die Entwicklung des allgemeinen Reichtums zu sein«.[66] »Die *wahre Schranke* der kapitalistischen Produktion ist *das Kapital selbst*, ist dies: dass das Kapital und seine Selbstverwertung als Ausgangspunkt und Endpunkt, als Motiv und Zweck der Produktion erscheint.«[67] Die-

---

65 Die persönliche Polemik sei mir bitte nachgesehen. Aber es ist auffallend, wie wenig Kritik am Staatsapparat von jenen Linken kommt, die ökonomisch an diesem Staatsapparat hängen – ob als Abgeordnete, deren abhängig Beschäftigte, Beamte der Exekutive oder Hochschullehrer. Vielleicht prägt das Sein doch auch hier das Bewusstsein – zumindest unterschwellig und in der Vermeidung von Fragestellungen, die an den eigenen Geldbeutel gehen könnten.

66 Karl Marx: *Grundrisse der Kritik der politischen Ökonomie*, Berlin 1974, S. 593. – Jörg Goldberg hat kürzlich in »Z. Zeitschrift Marxistische Erneuerung« in seiner Rezension meines Buches *Am Epochenbruch. Varianten und Endlichkeit des Kapitalismus* geschrieben, ich sei ein weiterer Zusammenbruchstheoretiker. Das mag ja sein. Aber am Anfang dieser Reihe steht kein anderer als Marx selbst, der ausdrücklich vom »Zusammenbrechen« schreibt. Es ist die Aufgabe der in seiner Tradition wirkenden Kräfte, nicht zu versuchen, den Zusammenbruch dieser Gesellschaftsordnung zu verhindern, weil dieses System für die Menschheit keine humane Perspektive zu bieten hat. Im übrigen ist Donquichotterie kein Marxismus.

67 Ders.: MEW 25 (*Das Kapital*, Band 3), Berlin 1975, S. 260, Hervorhebungen im Original.

se Selbstverwertung ist abhängig von der (tausch-)wertbildenden Arbeit, die aber im Rahmen des Kapitalismus »neben den Produktionsprozess (tritt), statt sein Hauptagent zu sein«.[68]

Die Dynamik des Kapitalismus, die so oft – gerade in Kreisen der PdL – beschworen wird, rührt aus dem Doppelcharakter der Arbeit als gebrauchswert- und tauschwertbildend. Durch die Produktivitätsfortschritte wird beständig der (Tausch-)Wert der einzelnen Ware gemindert – handele es sich um einen Liter Milch, einen Kugelschreiber oder ein Auto. Diese stetige Wertminderung muss der einzelne Kapitalist bei Strafe seines Verschwindens vom Markt durch Ausdehnung der Warenproduktion insgesamt kompensieren. Das ist das Geheimnis seiner unermüdlichen, alle Schranken, bis auf die letzte, die »wahre«, niederreißenden Expansion und gleichzeitig seiner Endlichkeit.

Kommt diese Endlichkeit in der sich seit 2008 entfaltenden weltweiten Krise des Kapitalismus in Sicht? Der Autor dieses Buches verficht die These, dass dies der Fall ist.[69] Wir erleben keine konjunkturelle und keine übliche Überproduktionskrise, keine von der Art der damals nur Teile der Welt erfassenden Krisen wie nach 1873 oder 1929, sondern eine nach Dauer, gesellschaftlicher Reichweite und räumlicher Ausdehnung qualitativ davon unterschiedene. Mit ihr beginnt die finale Krise des Kapitalismus. Sie wird weder ein halbes Jahrtausend dauern, noch wird an ihrem Ende ein neuer kapitalistischer Regulierungstyp stehen, wie vor allem in Kreisen der PdL vermutet und teilweise auch angestrebt wird.

Von Monat zu Monat wird deutlicher, dass diese Krise schon länger dauert als die Weltwirtschaftskrise nach 1929. Sie umfasst nicht mehr hauptsächlich nur Europa und die USA, sondern erstmals alle Kontinente. Die Krise selbst ist Ausweis und Beleg für die seit 1989 erfolgte Ausdehnung des Kapitalismus über die gesamte Welt. Die Etablierung dieses vereinheitlichten Weltmarkts beschließt die Konterrevolution von 1989, mit der die wesentlichen Ergebnisse der Oktoberrevolution von 1917 – der Versuch der Entwicklung eines nach eigenen Gesetzen funktionierenden sozialistischen Weltsystems – annulliert wurden. Der Ausbruch der weltweiten Finanzkrise 2008 markiert die Vollendung der Herstellung des nunmehr alle Teile der Welt umfassenden globalen kapitalistischen Systems, die sich in den davorliegenden 20 Jahren vollzogen hat.

---

68 Ders.: *Grundrisse der Kritik der politischen Ökonomie* , a.a.O., S. 593.
69 Die folgenden Darstellungen verzichten weitgehend auf einzelne Quellennachweise. Ausführlicher dargelegt sind die hier zusammengedrängten Gedanken in dem vom Verfasser 2014 veröffentlichten Buch *Am Epochenbruch*.

Dieses System ist seinem Charakter nach nicht statisch – nur vordergründig scheinen seine Krisen sich unendlich fortspinnen zu können. In Wahrheit nähern sie sich Schritt für Schritt, Krise für Krise der »wahren Schranke« dieses Systems an.[70] Je näher es dieser letzten Schranke kommt, desto unwirksamer werden Maßnahmen der Krisenbehebung oder -linderung – zumal dann, wenn sie innerhalb des Systemzusammenhangs verbleiben. Das ist der letzte Grund für die Untauglichkeit aller Versuche, dem Kapitalismus eine weitere Wachstumsperiode durch schulden- oder vermögensumverteilungsfinanzierte Wachstumsprogramme à la Keynes zu bescheren.

Was soll denn in Europa wachsen? Die Autoproduktion wohl kaum – mehr als zwei Autos pro Haushalt (ob nun mit Verbrennungsmotor oder elektrisch getrieben) sind ökonomisch wie ökologisch unsinnig und machen noch mehr als bisher den Aufbau eines in Maßen ökonomisch wie ökologisch sinnvollen Verkehrssystems unmöglich. Verwiesen wird in Fragen der Investitions- und Wachstumsmöglichkeiten oft auf Erziehung, Pflege und Bildung. Das sind im Kapitalismus aber Bereiche, die aus gutem Grund letztlich steuerfinanziert sind und nicht im Zentrum kapitalistischen Wirkens stehen. Ökonomisch betrachtet sind sie im gegebenen System tatsächlich »Gedöns«, wie es Gerhard Schröder als Kanzler einmal ausdrückte. Profite werden im Kern durch die Herstellung gegenständlicher Waren erzielt, die einen fixen Kapitalstock voraussetzen. Nur in diesen Bereichen ist der Kapitalist in der Lage, Menschen, die keine Produktionsmittel besitzen, zu zwingen, ihnen ihre Arbeitskraft zu verkaufen. Investitionen in Pflege, Bildung, Kultur können keine wachsende Profitmasse und damit auch keine dynamische kapitalistische Entwicklung tragen.

Auch die Empfehlung etwa von Lucas Zeise (»Junge Welt«, 17. Oktober 2015), zu einer »Kur der Entwertung des Kapitals« zu greifen wie in früheren Überproduktionskrisen, wird in einer Situation nicht helfen, in der schon vor der Kur die Arbeitslosigkeit nicht nur in den Peripherieländern des Kapitals, sondern in einem seiner Zentren selbst – dem südlichen Teil der Europäischen Union – mit rund 25 Prozent Dimensionen angenommen hat, die in der letzten großen Überproduktionskrise, also nach 1929, auf ihrem Höhepunkt in Deutschland 1932 erreicht wurden.

---

70 Zur »inneren« und »äußeren Schranke« des Kapitals in der gegenwärtigen Krise siehe Tomasz Konicz: *Kapitalkollaps. Die finale Krise der Weltwirtschaft*, Konkret Texte 68, Hamburg 2016, S. 102–150.

Geschichtliche Vorgänge sind in der Regel in ihrem Wesen nicht schwer zu begreifen. Schwierig ist es, zu diesem Wesen vorzudringen. Marx' Erkenntnisse helfen dabei. Ich möchte das in acht zugegebenermaßen grob vereinfachten Schritten demonstrieren:[71]

1. Reichtum – also Gebrauchsgüter und Zeit in größerer Menge – gab es schon vor dem Kapitalismus und wird es nach ihm geben.

2. Die Spezifik des Kapitalismus ist es, die Reichtumsentwicklung an die Kategorie Geld (G) zu koppeln. Diese war zwar rudimentär, aber nicht als zentrale Kategorie auch in früheren Gesellschaftsformationen vorhanden. Erst die Verwandlung aller Arbeitsbeziehungen in geldwerte Beziehungen erlaubt die an diese Kategorie gebundene Erzeugung von Mehrwert, die zu mehr Geld (G') führt.

3. Das einzige, was in diesem Prozess der kapitalistischen Reichtumsproduktion Mehrwert erzeugt, ist die Ware Arbeitskraft.

4. In seiner unablässigen Jagd nach Profit muss das Einzelkapital, getrieben vom Stachel der Konkurrenz, diese Ware aber beständig aus dem Produktionsprozess verdrängen.

5. Ein Ausgleich der infolge des wachsenden technischen Apparats der kapitalistischen Produktion tendenziell sinkenden Profitraten ist nur durch immer mehr Profitmasse möglich – daher der Zwang dieses Systems zur Expansion um jeden Preis.

6. Getrieben durch diese Dynamik reißt der Kapitalismus alle regionalen, religiösen und geographischen Schranken nieder.

7. Die Jagd nach Profit ist erst beendet, wenn zwei Voraussetzungen erfüllt sind: die Herstellung eines einheitlichen Weltmarkts und die Durchkapitalisierung aller bisher nicht kapitalistisch befriedigten Bedürfnisse (Gesundheit, Erziehung, Bildung, Kultur etc.). Ist die ganze Welt, sind Gesundheit, Bildung und Kultur Waren geworden, gibt es keine neuen Sphären der Kapitalverwertung mehr, in denen die Ware Arbeitskraft noch auf einem Niveau profitabel verwertet werden kann, das es erlauben würde, das Sinken der Profitrate durch ein Wachstum der Profitmasse aufzufangen.

8. Dieser Punkt ist mit Beginn des 21. Jahrhunderts nach einem rund 300jährigen Prozess in sichtbare Nähe gerückt: Die Herstellung des Weltmarkts wurde zwischen 1989 und 2008 vollendet, und die wissenschaftlich-technische Revolution vernichtet beständig mehr Arbeitsplätze als sie neue

---

71 Sie dazu ausführlicher mein Buch *Am Epochenbruch*, a.a.O.

entstehen lässt. Die zuweilen als »innere Landnahme« bezeichnete Verwandlung zuvor nicht warenförmiger gesellschaftlicher Beziehungen in warenförmige führt zu wenig neuer Profitmasse und umgekehrt proportional dazu zur Nutzloswerdung dieser Bereiche für die menschliche Reproduktion.

Gegen diese Entwicklung hilft keine noch so ausgefeilte Währungspolitik; auch ein neuer kapitalistischer Regulierungstyp wird nicht entstehen – Ende Gelände.

Diese Situation hat der Publizist Tomasz Konicz in seinem 2016 erschienenen Buch *Kapitalkollaps* beschrieben.[72] Gestützt auf eine große Zahl offizieller Statistiken, die er zum Teil auch grafisch präsentiert, macht er klar, dass wir in einer Zeit leben, in der der »prozessierende Widerspruch« (Marx), der im Grundmechanismus der auf Tauschwirtschaft beruhenden Gesellschaftsformation steckt, an die Oberfläche durchbricht: Die Dynamik des Kapitalismus hat ihren Grund darin, alle menschlichen Bedürfnisse in die Warenform zu gießen, weil nur über den Warentausch aus Geld mehr Geld zu machen ist. Das gelingt nur durch Anwendung menschlicher Arbeitskraft, deren Einsatz, ich wiederhole mich, aus Gründen der Konkurrenz systematisch im Produktionsprozess minimiert werden muss. Also muss sich das Kapital seiner eigenen Substanz peu à peu entledigen und, zunächst in der Peripherie, immer mehr »überflüssige Menschen« schaffen. Diesen Prozess analysiert Konicz nicht abstrakt, sondern empirisch gründlich unterfüttert.

Angesichts dieser Entwicklung macht Konicz seinen Lesern im Kapitel »Was kann die Linke tun?« nicht viel Hoffnung: »Es könnte für linke Kräfte schon ein Sieg sein, in solch fortgeschrittenen Zerfallsstadien des Weltsystems überhaupt noch als ein Faktor präsent zu sein, der minimale zivilisatorische Errungenschaften verteidigt und damit in der Lage ist, auf die anomische Umgebung auszustrahlen.«[73] Das ist eine gruselige Vorstellung vor allem für diejenigen, die um den Zusammenhang der Krise von 1873 mit dem Ersten Weltkrieg von 1914 wissen und die den Zusammenhang der Krise von 1929 mit dem Zweiten Weltkrieg von 1939 kennen. Die erste dieser beiden großen Krisen gebar zum Zweck der innerkapitalistischen Krisenbewältigung den Monopolkapitalismus und trieb damit den Nationalstaat zu den blutigen Exzessen der Jahre 1914 bis 1918. Die Bewältigung der Weltwirtschaftskrise von 1929 ff. gelang erst mit der forcierten Aufrüstung zunächst

---

72 Tomasz Konicz: *Kapitalkollaps*, a.a.O.
73 Ebd., S. 274 – anomisch steht hier für »ungeregelt«, »gesetzlos«.

in Deutschland, dann, in Reaktion auf dessen Aggressivität, auch in den angegriffenen und bedrohten Ländern einschließlich den USA und mündete in der großen Eliminierung von Arbeitskräften und Kapitalstöcken zwischen 1939 und 1945. Die Dimensionen der momentan sich entfaltenden Krise lassen vergleichbare, wenn nicht in ihren Ausmaßen ungekannte Eruptionen auf der politischen Oberfläche des Systems erwarten. Aber Kopf in den Sand hat noch nie genützt.

Mit dem Erreichen der »wahren Schranke« des Kapitalismus nähern wir uns dem historischen Punkt, an dem bei Strafe des Untergangs die auf dem Tauschwert beruhende Produktion überwunden werden muss. Der Übergang des kapitalistischen Weltsystems von seiner expansiven in seine kontraktive Phase verändert bereits jetzt alle politischen Kategorien – von der Kriegsfrage bis hin zur Unmöglichkeit, die aufgehäuften Widersprüche noch mit Mitteln der Geldpolitik und/oder eines Keynes- (oder gar Erhard-) Remakes zu lösen. Der Ausweg aus dieser systemischen Krise kann nur in einer Organisation der gesellschaftlichen Produktion und Reproduktion jenseits von Markt, Staat und Kapitalismus liegen, also in einem (nach Pariser Kommune und Russischer Revolution) dritten Anlauf zum Sozialismus, in dessen Zentrum – wie im ersten – die Kommune stehen wird. Im zur Zeit nicht absehbaren Erfolg eines solchen systemischen Bruchs mit der Epoche der auf dem Tauschwert beruhenden Produktion liegt die einzige (dünne) Hoffnung auf eine Alternative zum globalen Absinken in Jahrzehnte von Krise, Kriegen und Barbarei.

Jede politische Bewegung orientiert sich bewusst oder unbewusst mehr oder weniger stark an den Erfahrungen aus der Vergangenheit. Das ist nicht nur im Bereich der politischen Bewegungen so, sondern auch im Bereich etwa des Militärs oder der Wirtschaft. Eine solche Orientierung ist oft hilfreich. Zuweilen hindert sie die Handelnden aber auch daran, richtige Entscheidungen zu treffen – vor allem dann, wenn sich die Rahmenbedingungen so geändert haben, dass die gewohnten Grundannahmen nicht mehr zutreffen. Wenn das Vertraute nicht mehr das Bestimmende ist (das Bestimmende also nicht mehr das Vertraute), führt die Orientierung am Vertrauten zu verhängnisvollen Fehlern.

Die beschriebenen Prozesse ändern unsere Rahmendaten. Aus der Zeit der dreißiger Jahre sind wir es etwa gewohnt, dass deutsche Faschisten Menschen sind, die Lebensraum im Osten erobern wollen – Hitler hat es in *Mein Kampf* schwülstig ausgemalt. Selbst die Hitler-Verehrer von heute aber wollen keinen neuen Lebensraum für Deutsche außerhalb deutscher Grenzen erobern, sie wollen »Deutschland den Deutschen« sichern. In ihrer Brutalität stehen sie ihren historischen Vorbildern in nichts nach – aber ihre Grundeinstellung ist nicht mehr aggressiv-offensiv, sondern aggressiv-defensiv.

Die Kriege, die früher geführt wurden, dienten, anders als viele der heutigen, nicht nur der Eroberung von Rohstoffquellen. Den deutschen Imperialisten etwa ging es um die Ausbeutung nicht nur der Gruben, sondern auch der in ihnen schuftenden Arbeitskräfte auf dem Gebiet der damaligen Sowjetunion oder anderer besetzter Länder. Diejenigen, die ein halbes Jahrhundert später Jugoslawien zerstörten, in der Ukraine mit dem Feuer spielen und darauf hinarbeiten, gegen Russland gerichtete Flugverbotszonen in Syrien einzurichten, haben aber nicht das Hauptziel, in diesen Gegenden fremde Arbeitskräfte auszubeuten. Sie wollen vor allem den Aufbau von konkurrierenden Wirtschafts- und Gesellschaftsblöcken oder gar -modellen im Keim ersticken. Das ist kein Eroberungs- und Expansionsimperialismus mehr, es ist ein komplett destruktiver Imperialismus.

Wäre die AfD eine Neuauflage der NSDAP, wäre wahr, was der deutsche Vizekanzler Sigmar Gabriel am 12. Juni 2016 gegenüber der Funke-Mediengruppe äußerte: »Alles, was die erzählen, habe ich schon gehört – im Zweifel von meinem eigenen Vater, der bis zum letzten Atemzug ein Nazi war.« Andere, die sich offen in der Traditionslinie der NSDAP sehen, meinen, diese Formation sei nur der Wegbereiter für einen Weg zurück in die Vergangenheit, und setzen, wie der NPD-Pressesprecher Frank Franz im April 2013, darauf, »dass die ›Alternative für Deutschland‹ für uns Nationaldemokraten die Rolle des nützlichen Wegbereiters spielt«.[74] Beide – Gabriel wie Franz – irren.

Wer politischen Ausprägungen wie der AfD beikommen will, wird mit den bereits ja auch im Vorfeld des historischen Nationalsozialismus nicht sonderlich erfolgreichen Instrumenten gegen den damaligen Krise-Faschismus-Krieg-Zyklus nicht viel ausrichten. Weder eine Schulung für Stammtisch-Debatten noch das Absingen von Brecht-Liedern wird die Anstrengung des Begreifens dieser Formation und ihrer Voraussetzungen ersetzen können. Die von Dimitroff und anderen Mitte der dreißiger Jahre entwickelte Faschismus-Definition (»Faschismus an der Macht ist die offene, terroristische Diktatur der reaktionärsten, chauvinistischsten, am meisten imperialistischen Elemente des Finanzkapitals«) zielte auf die Möglichkeit einer Überwindung der Weltwirtschaftskrise 1929 ff. noch im Rahmen des Kapi-

---

74 Zitiert nach: Häusler/Roeser: *Die rechten ›Mut‹-Bürger*, a.a.O., S. 113.

talismus und der von ihm hervorgebrachten bürgerlichen Nationalstaaten: Volksfront unter Einschluss kapitalistischer, aber nicht- und damit potentiell antifaschistischer Kräfte. Was heute vor unseren Augen passiert, lässt sich auch theoretisch in dieser Weise nicht mehr einhegen.

Kapitalismus ist nicht Wiederkehr des immer Gleichen. Er ist das System in der bisherigen Menschheitsgeschichte, das von Widersprüchen geprägt, durch diese Widersprüche zu seinem Höhe- wie Endpunkt getrieben wird. Seine Widersprüche »prozessieren«. Seine konjunkturellen, finanziellen und sonstigen Krisen sind die Form, in der er sich auf seine finale Krise zubewegt. Sie nehmen an Schärfe, Tiefe und Dauerhaftigkeit zu. Die Mittel zu ihrer Lösung – neue Produkte, neue Märkte, Globalisierung, Rationalisierung, Verbilligung der Waren, Ausbau des Kreditwesens usw. – schaffen die Voraussetzung für den nächsten Krisenschub, einen auf höherer Stufe. Das geht, Verschuldung und Kredit sei Dank, eine ganze Weile, aber irgendwann erlahmt der innere Motor dieses Systems und erreicht seinen Zusammenbruchspunkt. Diesen »Punkt« muss man sich als historisches Ereignis vorstellen. Im Rückblick, sagen wir: des 25. Jahrhunderts wird es ein Ereignis, ein Datum geben, das für diesen Moment des Zusammenbruchs steht.[75] Es liegt vermutlich noch vor uns. Allerdings ist die Zeit, in der wir leben, nicht mehr die Zeit des aufsteigenden Kapitalismus, sondern des Beginns seiner finalen Kontraktionsbewegung.

Eine Rettung des Systems durch externe Kräfte, etwa durch angeblich aufstrebende Länder außerhalb der alten kapitalistischen Zentren, wird es nicht geben. Rosa Luxemburg hatte recht, als sie analysierte, dass der Kapitalismus die noch nicht von ihm erschlossenen Gebiete ums Verrecken brauche. Nun aber, pars pro toto: »Der Drache spuckt kein Feuer mehr«, titelte am 17. Juli 2015 die »Wirtschaftswoche«; sie wies damit darauf hin, dass nach den Hoffnungen der Bourgeoisie, Brasilien, Russland, Indien oder Südafrika würden der siechen Weltwirtschaft neuen Schwung geben, nun auch die Hoffnung, China werde das tun, sterbe.

Das ist die Lage. Ihre Beschreibung und Analyse erlaubt uns jetzt, Charakter und Funktion der AfD vorläufig kurz zu bestimmen.

So wie die Warlords von Afghanistan bis Mali, von Thailand über Somalia bis Libyen sowie die Drogenbarone von Latein- und Südamerika Zer-

---

75 In der Regel ist das den Zeitzeugen und selbst den Zeitgenossen nicht klar. Am Tag des Sturms auf die Bastille schrieb der französische König Ludwig XVI. in sein Tagebuch: »Nichts«.

fallsprodukte des kapitalistischen Systems an seiner Peripherie sind, so sind Trump, der Front National, die AfD und andere europäische Rechtsparteien Produkte des Niedergangs in seinen Zentren. Sie verschaffen weiteren Rechtsentwicklungen, einer weiteren Brutalisierung also des zerfallenden kapitalistischen Systems eine Massenbasis, weil sie in der Lage sind, die Abstiegsängste breiter, bisher einigermaßen gut entlohnter und sozial abgesicherter Schichten der kapitalistischen Zentren zu artikulieren und sie gleichzeitig von den Krisenursachen ab- und auf Menschengruppen zu lenken, die im Fortgang der Krise bereits verloren haben, was die am System noch Partizipierenden erst zu verlieren fürchten. Ihre Absicht und Funktion etwa in Deutschland ist es, das parlamentarisch-politische Koordinatensystem so zu verschieben, dass gegen stramm deutschnationale Gruppierungen nicht mehr regiert werden kann. Natürlich hätte das brutale Folgen: Die AfD ist ein mögliches Sprungbrett für hart repressive Krisenbewältigungsprogramme. Sie bietet sich in Personal wie Programmatik bereits jetzt als politische Reserve für noch härtere Zeiten an.

Wie sieht nun der Umgang der anderen im Rahmen des kapitalistischen Staatsapparats tätigen politischen Kräfte mit der AfD aus? Verfügen sie über Strategien zur Abwehr der neuen Formation, und wie sehen diese, gegebenenfalls, aus?

4. Aufgemischt: Reaktionen auf den Aufstieg der AfD

Horst Kahrs hatte seine Klassifizierung der Wahlerfolge der AfD vom 13. März 2016 als »Zäsur im Parteiensystem« mit dem Hinweis begründet, diese Erfolge hätten »das politische Feld so dramatisch verändert wie seit der Etablierung der Grünen und später der PDS und Linkspartei nicht mehr. Zumindest sieht es bis auf weiteres so aus.«[76] Die angefügte Relativierung sollte wohl eine Hoffnung ausdrücken. Es deutet aber einiges darauf hin, dass die Folgen gravierender sind und sein werden, weil die Gründe der AfD-Wahlerfolge wirkungsmächtiger sind als diejenigen, die zu den Parteibildungen und -erfolgen der Grünen, der PDS, der WASG und schließlich der PdL geführt haben.

Dafür gibt es außer den bereits genannten weitere Gründe: Grüne und PDS waren Gründungen, die vor allem aus der Unzufriedenheit mit der SPD resultierten und folglich in zwei Schüben mitursächlich dafür waren, dass deren Kernwählerschaft von rund 40 Prozent der Stimmbürger/innen, um die sie zu Zeiten von Willy Brandt, also vor der Herausbildung der Grünen und dem Anschluss der DDR an die BRD, oszillierte, auf zur Zeit rund 20 Prozent glatt halbiert worden ist (eine Bestätigung oder Korrektur der 30-Prozent-Prognosen von Anfang 2017 für den neuen SPD-Kanzlerkandidaten Martin Schulz stand bei Drucklegung dieses Buches noch aus). Auf Wählerschaft und Politik der CDU oder auch der FDP hatten beide Gründungen wenig Einfluss – von der Einrichtung eines Umweltministeriums (mit Angela Merkel als einer ihrer ersten Spitzen) einmal abgesehen. Das ist ganz offensichtlich im Fall der AfD anders. Sie führt bereits jetzt zu kräftigen Verschiebungen nicht nur bei CDU und FDP, aus deren jeweils rechten Traditionen heraus sie, wie wir gesehen haben, entstanden ist. Ihre Gründung und ihr Erfolg haben auch heftige Reaktionen bei den Grünen und der PdL zu Folge – meist mit dem Anspruch verbunden, durch taktische Änderungen der politischen Agitation den weiteren Aufstieg der AfD bremsen zu können.

In diesem Kapitel soll vor allem die Perspektivlosigkeit des Versuchs gezeigt werden, dies im Rahmen des kapitalistischen Parlamentarismus zu erreichen. Zunächst schauen wir uns die Wirkung dieser zur Partei geworde-

---

76 Horst Kahrs: »Eine erneute Zäsur im Parteiensystem«, a.a.O., S. 2.

nen Stahlhelm-Fraktion auf die beiden konservativen und die liberale Partei in Deutschland an, um uns dann – nach einem Blick auf die Reaktionen der Grünen – mit der PdL und den ihr nahestehenden politischen Gruppierungen zu befassen. Abschließend werfen wir noch einen kurzen Blick auf die Reaktionen von Medien, Kirchen, Gewerkschaften, Antifa-Gruppen und anderen Organisationen.

4.1. Re(a)gieren und koalieren:
das Establishment von CDU/CSU/FDP/SPD und die AfD

Vor allen Regierungsbildungen steht die Konstituierung neuer Parlamente und als erste Personalentscheidung die Wahl der Parlamentspräsidien auf der traditionellen Tagesordnung des Parlamentarismus in kapitalistischen Gesellschaften – so auch im April 2016 in Sachsen-Anhalt. Für den Posten des Vizepräsidenten des dortigen Landtags nominierte die AfD als mit 25 Mitgliedern zweitstärkste Fraktion Daniel Rausch, der gleich im ersten Wahlgang mit 46 der 87 abgegebenen Stimmen gewählt wurde – mithin auch von mindestens 21 Mitgliedern anderer Parteien.[77] Anschließend nominierte die mit 16 Stimmen drittstärkste Fraktion, die der PdL, ihren Kandidaten, Wulf Gallert, für die Landtagsvizepräsidentschaft. Er fiel im ersten Wahlgang durch: 39 Ja-, aber 44 Nein-Stimmen. Gallert schaffte es dann zwar nach einigem Hin und Her und internen Beratungen im zweiten Wahlgang (45 Ja-, 33 Nein-Stimmen), aber das Signal war in der Welt: Die Abgrenzung des bürgerlichen Lagers gegenüber der Partei Die Linke war deutlich entschiedener als die Abgrenzung gegenüber der »Alternative für Deutschland«.

Was hier in der parlamentarischen Ausdrucksform der Stimmenabgabe sichtbar wurde, ist auch aus den häufig eher nebligen Wortbeiträgen der politischen Akteure herauszulesen. Ein Beispiel: Innerhalb der CDU/CSU brach parallel zu den Debatten über die Flüchtlingspolitik ein heftiger Streit über jemanden aus, der zusammen mit Alfred Dregger über Jahrzehnte Gewährsmann eines stramm rechten Kurses der Christsozialen gewesen war. »Seehofer und Merkel streiten über Strauß«, titelte die »Süddeutsche Zeitung« am 23. Mai 2016 und führte aus: »Wegen der Wahlerfolge der AfD streiten Angela Merkel und Horst Seehofer darüber, ob das seit Jahrzehnten gültige Dogma von Franz Josef Strauß noch gilt, es dürfe rechts von der Union kei-

---

77 Rausch blieb nicht lange Vizepräsident, sondern trat nach seiner ersten Versammlungsleitung zurück. Sein Nachfolger ist, gewählt mit 46 Ja- und 32 Nein-Stimmen, Willi Mittelstädt, natürlich ebenfalls AfD.

ne demokratisch legitimierte Partei geben. Merkel hatte dieses Prinzip am Wochenende in einem Interview relativiert und statt dessen davor gewarnt, wichtige Grundsätze aufzugeben, um AfD-Wähler zurückzugewinnen. CSU-Chef Horst Seehofer greift sie deswegen scharf an.« Beistand erhielt die CSU von der CDU aus Sachsen-Anhalt. Der dortige Ministerpräsident Reiner Haseloff pflichtete Seehofer bei: »Wir müssen, wie schon Franz Josef Strauß sagte und Horst Seehofer zu Recht einfordert, auch das rechte demokratische Spektrum abdecken und Protestwähler zurückgewinnen. (...) Wir sind inhaltlich und personell viel zu schmal geworden. Wir müssen wieder breiter werden, um den rechten demokratischen Rand für uns zu reklamieren.«[78] Nicht ganz unwichtig ist an dieser Stelle der Hinweis, dass Haseloff Ministerpräsident einer Koalition der CDU mit der SPD und den Grünen ist.

Die Strauß-Seehofer-Partei reagierte auch programmatisch. Sie legte den Entwurf eines neuen Grundsatzprogramms vor, das dann auf ihrem Parteitag im November 2016 beschlossen wurde. Es liest sich passagenweise wie ein AfD-Programm light: »Ein Kernelement ist die Rückversicherung auf die Leitkultur«, resümierte das »Handelsblatt« am 8. Juni 2016 eine Betrachtung des Programmentwurfs und verwies auf den »Kinderbonus im Renten- wie im Steuersystem, um Familien zu fördern und zu belohnen«. Ein stärkerer »Schutz der Grenzen« ist ebenfalls Bestandteil des neuen CSU-Programms. Inzwischen ist auch die CDU mit ihrer Forderung nach einer Verstärkung der Grenzsicherung und mit ihrer Zustimmung zur Bezahlung des türkischen Präsidenten Erdogan für seine Bereitschaft, Flüchtlinge von den Grenzen der EU fernzuhalten, auf diesen Kurs eingeschwenkt. Angesichts dieser programmatischen Schritte ist eine verbale Abgrenzung zur AfD nicht glaubhaft.

Sie wird auch nicht konsequent praktiziert. Kriegsministerin Ursula von der Leyen, im Nebenberuf CDU-Vize, antwortete auf die Frage »Welchen Umgang mit der AfD empfehlen Sie?« so: »Die Ergebnisse der AfD sind natürlich bitter. Ich gehe aber davon aus, dass es künftig in den Landtagen einfacher wird, die AfD als dumpfe Dagegen-Partei zu demaskieren.«[79] Nachdem der bayrische AfD-Landesvorsitzende Petr Bystron den Kirchen vorgeworfen hatte, unter dem Deckmantel der Nächstenliebe mit den Flüchtlingen ein »Milliardengeschäft« zu betreiben, sprang Bundesinnenminister Thomas de Maizière den Kirchen bei – das sei »eine Beleidigung Hunderttausender

78 Interview mit Reiner Haseloff in der »Welt«, 4. Mai 2016.
79 »HAZ«, 14. März 2016.

Ehrenamtlicher«.[80] So geht es munter weiter: Scharfe Distanzierungen folgen auf symbolische Annäherungen und die Übernahme von Positionen der AfD – bis hin zur Verschärfung einer ganzen Reihe von innenpolitischen Bestimmungen im Gefolge des LKW-Anschlags auf den Weihnachtsmarkt an der Berliner Gedächtniskirche im Dezember 2016. Der AfD-Vizevorsitzende Gauland hatte denn auch Grund, selbstzufrieden festzustellen: »Wir wirken, obwohl wir in keiner Regierung sind, weil die anderen Angst vor uns bekommen.«[81]

Eine Bereitschaft zur Übernahme von AfD-Forderungen lässt auch die FDP erkennen, deren linksliberale Kräfte schon froh darüber waren, dass das Herausdrängen des Lucke-Flügels aus der AfD ihnen die Abgrenzung zu dieser Partei erleichtert hat, so beispielsweise die ehemalige Bundesministerin für Justiz, Sabine Leutheusser-Schnarrenberger: »Die FDP sah sich, als die AfD damals noch von Bernd Lucke geführt wurde, sehr wohl einem gewissen Wettbewerb ausgesetzt. Vor allem in bezug auf gewisse ordnungspolitische Themen. Die AfD hat sich jetzt jedoch in eine Richtung ganz am rechten Rand entwickelt. Sie hat völkisches Gedankengut in ihrem Parteiprogramm (...) Da ist ganz klar, dass es keinerlei Austausch geben kann. Das war vielleicht noch anders, als es um die Euro-Frage ging. Jetzt sind wir jedoch auf große Distanz gegangen, und wir verlieren auch keine nennenswerten Stimmenanteile mehr an die AfD.«[82]

Eines aber, da scheinen CDU/CSU und FDP sich einig, soll ausgeschlossen bleiben: Koalitionen, heißt es bei jedem Interview mit ihren Spitzenpolitikern, seien mit der AfD nicht möglich. Nun, niemand, der den parlamentarischen Betrieb ein wenig kennt, wird das sehr ernst nehmen. Bevor Joseph Fischer als erstes Parteimitglied der Grünen in Hessen 1985 Minister wurde, hatte sein späterer Chef am Kabinettstisch, Holger Börner, getönt, mit Typen wie dem habe man früher bei ihm auf dem Bau mit der Dachlatte diskutiert; der Schwur von CDU und SPD, niemals die SED-Nachfolgepartei in eine Koalition aufzunehmen, endete in Thüringen damit, dass die Linkspartei die SPD in eine Koalition unter Bodo Ramelow aufnahm. Die Halbwertzeiten solcher und ähnlicher Schwüre sind im Parlamentsbetrieb gering – auch in Österreich war es schließlich die Sozialdemokratie, die der FPÖ die Türen in die Kabinette geöffnet hat. Derlei kann natürlich eines gar nicht fernen Tages auch in Deutschland geschehen.

80 »FAZ«, 28. Mai 2016.
81 »Welt«, 23. Dezember 2016, S. 5.
82 Interview – bemerkenswerterweise – in der »Jungen Welt«, 21./22. Mai 2016.

Wie hält es nun die SPD mit der AfD? So wie CDU/CSU zwischen Anbiederung und Koalitionsverweigerung schwanken, so schwankt die SPD zwischen Ignoranz und Wut. Erst kam, am Abend des 13. März 2016, die Ignoranz: »Am Sonntagabend (...) illustrierte der Parteivorsitzende Sigmar Gabriel einen Teil des Problems. In seiner Ansprache zur Würdigung der drei Landtagswahlen lobte er, wie zu erwarten war, die Ministerpräsidentin von Rheinland-Pfalz, Malu Dreyer, über den grünen Klee. Die Tatsache, dass die älteste Partei Deutschlands zweimal auf Platz vier hinter der AfD gelandet war, erwähnte er mit keinem Wort.«[83] Diese Ignoranz gegenüber der AfD, für die an diesem Tag rund 150.000 frühere SPD-Wähler/innen gestimmt hatten, steht im Gegensatz etwa zur Meinung des früheren SPD-Wahlkampfmanagers Kajo Wasserhövel, der warnend darauf hinwies, dass es nach einem solchen Debakel zwar »individuell hilfreich« sein könne, in Routinen zu flüchten. Diese Verhaltensweise »wäre aber als politische Antwort des ›Demokratischen Zentrums‹ hochgefährlich. Man darf nicht vergessen, dass die Wahlergebnisse der AfD in einer wirtschaftlich stabilen Lage zustande gekommen sind.«[84]

Vielleicht hat SPD-Vize Ralf Stegner sich das zu Herzen genommen. Nach der Verabschiedung des AfD-Programms jedenfalls wählte er den Frontalangriff: »Die AfD bleibt eine zerstrittene und wirre Rechtsaußen-Partei. Ihr Prinzip ist es, Sündenböcke zu benennen, aber keine Lösungen anzubieten (...) Das Programm richtet sich gegen die Interessen jener kleinen Leute, die aus Abstiegsängsten AfD wählen. AfD steht für ›Arbeitslosigkeit für Deutschland‹.«[85] So deutlich das auf den ersten Blick ist – von Zerstrittenheit konnte auf dem Programmparteitag der AfD keine Rede sein. Auch ist das Programm zwar stramm deutschnational, aber nicht wirr, es wirkt anziehend auf viele, die von der Agenda 2010 des SPD-Kanzlers Schröder ebenso enttäuscht sind wie überhaupt von einer Partei, deren gut verdienender Vizevorsitzender sie als »kleine Leute« bezeichnet.

4.2. Hilflose Abwehr:
Reaktionen im Establishment um Grüne und Linkspartei

Anders als von Seiten des schon vor 1968 etablierten westdeutschen Partei-Establishments gab es 2016 von zwei Parteien keine scharfen Zurückweisun-

83 Susanne Gaschke: »Das Debakel der SPD einfach wegklatschen«, »Welt«, 15. März 2016.
84 Kajo Wasserhövel: »Programmatischer Kassensturz ist unabdingbar«, »Jewish Voice from Germany«, April 2016.
85 Zitiert nach »Welt«, 2. Mai 2016.

gen der im Programm und in verschiedenen Reden ihrer Vertreter/innen geäußerten Regierungseintrittsabsichten der AfD: bei Bündnis 90/Die Grünen und bei der PdL. Der Grund dafür ist zunächst einfach der, dass sich die AfD als Kontrapart zweier strikt abgelehnter Entwicklungen sieht: von all dem, was irgendwie mit Marxismus und Sozialismus zu tun hat oder zu tun haben scheint, und von allem, was sich politisch mit der Jahreszahl »1968« verbindet – und für die AfD verbindet sich damit vor allem der Aufstieg der »68er« und ihrer Nachfolger ins deutsche Partei-Establishment. Die Haltung von Bündnis 90/Die Grünen und PdL zur AfD ist daher – anders als die des überkommenen Politikbetriebs – von einer gewissen Gelassenheit und auch von Versuchen geprägt, zumindest Verständnis, wenn nicht für die Partei, so doch für deren Wählerinnen und Wähler zu artikulieren.

»Der Aufstieg der Rechtspopulisten«, gibt etwa der Vorsitzende der Bundestagsfraktion der Grünen, Anton Hofreiter, zu bedenken, »ist nicht allein auf Flüchtlinge zurückzuführen. Die Pegida-Bewegung gab es schon vor dem vergangenen Herbst. Der Flüchtlingszuzug hat die siechende AfD wiederbelebt, aber die Ursachen für den Erfolg der Partei liegen woanders. Neben einem harten Kern von Menschen mit rechtsextremer Gesinnung fühlen sich einfach viele Menschen vom politischen System missachtet, viele haben Abstiegs- oder Konkurrenzängste. Die Gesellschaft driftet auseinander, in einem solchen Klima gedeihen Ressentiments und Vorurteile. Wir müssen den sozialen Zusammenhalt stärken. Nicht alle AfD-Wähler sind Nazis.«[86] Das ist eine Erwägung, der wir auch bei der PdL und ihrem Umfeld begegnen; sie ist bei den Grünen und der parlamentarisch fixierten Linken identisch: Irgendwie müsse durch politische Aktivitäten der soziale Zusammenhalt wiederhergestellt werden, dann würde auch eine Erscheinung wie die AfD verschwinden. Solange das noch nicht der Fall ist, sollen die Parteimitglieder »mit präziser Analyse die grüne Argumentation schärfen«, wie es in einem »Schwerpunkt AfD« der Mitgliederzeitschrift der Grünen heißt – verbunden mit einer Analyse ausgesuchter Textstellen aus dem AfD-Programmentwurf. Die Partei sitzt damit dem Irrglauben auf, wie er uns bereits in den Äußerungen von Gregor Gysi (PdL) begegnet ist, die AfD ließe sich ohne Verständnis und Berücksichtigung der sie tragenden gesellschaftlichen Kräfte quasi allein durch auf ihre Programmatik bezogene Sachargumente re-marginalisieren. Weil die AfD aber der Reflex auf einen tief unter der parteipolitischen

---

86 Interview in der »Welt«, 7. Juni 2016.

Oberfläche gesellschaftlicher Entwicklungen liegenden Bruch in der Dynamik des Kapitalismus ist, kann das nicht gelingen.

Den zur Zeit populärsten Grünen, den baden-württembergischen Ministerpräsidenten Winfried Kretschmann, scheint dies, vielleicht aufgrund rudimentärer Marx-Kenntnisse aus seiner Zeit als KBW-Kader, zumindest insofern noch präsent zu sein, als sich seine Mahnung, AfD-Wähler »differenziert zu sehen«, mit einer gewissen Resignation hinsichtlich der hinter dieser Partei stehenden Kräfte verbindet. Die entsprechenden Passagen eines Interviews des grünen Hoffnungsträgers mit der »FAZ« verdienen ein längeres Zitat (Fragen jeweils halbfett):[87]

Der Sozialminister (in Baden-Württemberg, M.S.) ist jetzt ein Grüner. *Was ist der spezifisch sozialpolitische Ansatz der Grünen? Im Mittelpunkt steht bei uns nicht Verteilungsgerechtigkeit, sondern die Chancengerechtigkeit. Natürlich braucht ein Langzeitarbeitsloser ordentlich Hartz IV. Aber damit ist er noch nicht integriert. Fühlt er sich als Teil der Gesellschaft, als Bürger? Bisher hat das nicht so gut funktioniert. Diese Schichten sind höchst anfällig für Populismus. Auch für Sozialpopulismus ganz merkwürdiger Art. Dass man zum Beispiel auf diejenigen runterguckt, die noch schwächer sind – etwa auf Flüchtlinge. Teilhabe in der Gesellschaft ist etwas anderes, als nur sozial nicht abzurutschen. Darum bezeichne ich das Sozialministerium gerne als Gesellschaftsministerium.*

Einerseits wählt eine breite Mehrheit einen ehemaligen Achtundsechziger zum Ministerpräsidenten, andererseits spricht der AfD-Bundesvorsitzende Jörg Meuthen auf dem Parteitag in Stuttgart vom »links-rot-grün versifften Achtundsechziger-Deutschland«. Bahnt sich da ein kultureller Riss in der Gesellschaft an? Das glaube ich nicht. Die AfD arbeitet mit Klischees und Vereinfachungen. Wir werden die Modernisierung und Individualisierung der Gesellschaft nicht aufhalten, die Achtundsechziger haben dieser Entwicklung vielleicht einen Schub gegeben, sie waren aber nicht die Verursacher. Das ist ein Trend freier Gesellschaften, den bremst niemand. Und im Kern ist das natürlich gut. Wir müssen nur aufpassen, dass unsere Gesellschaft nicht zerfasert und Menschen sich nicht mehr eingebunden fühlen.

Aber die Frage bleibt ja. Die AfD sitzt in einigen Landtagen. Wie geht man damit politisch um? Jedenfalls nicht dadurch, dass man ihre Positionen übernimmt. Das legitimiert am Ende das Treiben der AfD nur. Sondern viel-

---

87 Ausgabe vom 12. Mai 2016, S. 2

mehr mit der entschiedenen Haltung, alle zu integrieren. Zu zeigen, dass alle zur Gesellschaft dazugehören, eben auch die Wähler der AfD. Nur das kann die Gegenstrategie sein. Das Gefühl: Ihr da oben, wir da unten, wird man nie ganz wegbekommen. Aber alle, die das Gefühl haben, nicht mehr richtig dabei zu sein, müssen integriert werden. Der verkürzte Integrationsbegriff meint nur Einwanderer. Aber jemand, der ›Ausländer raus‹ ruft, ist auch nicht integriert. Integration ist eine Aufgabe, die es immer gibt, die wird nur durch Migration deutlicher auf die Tagesordnung gestellt. Besonders in modernen Gesellschaften, die ja aus vielen Subkulturen bestehen, ist die Integration eine dauerhafte Aufgabe (...)

Das Interview lässt tief blicken. Die Verteilungsfrage wird in die Forderung nach Chancengerechtigkeit aufgelöst – damit kann die immer ungleicher werdende Verteilung des Wohlstands zwar bleiben, wie sie ist, aber alles wird gut, wenn auch das Kind eines deutschen Hartz-IV-Empfängers oder eines syrischen Flüchtlings die Chance erhält, reich zu werden wie Bill Gates oder doch wenigstens Ministerpräsident eines Bundeslandes. Der Abschied vom Anspruch, grundlegende Strukturen der gesellschaftlichen Entwicklung noch ändern zu können, durchzieht dieses Interview wie die Politik der mit dem Kapitalismus längst einverstandenen Grünen insgesamt – nur fadenscheinig übertüncht mit dem Begriff der Moderne. Der Trend »freier Gesellschaften«, also des Kapitalismus, zu »Modernisierung und Individualisierung« – in eine ehrliche Sprache übersetzt: zur unentwegten Zerstörung aller gesellschaftlichen Strukturen und kollektiven Zusammenhänge, die sich nicht dem Zweck der Selbstvermehrung des in Geld ausgedrückten Reichtums unterwerfen – wird hingenommen, und die Aufgabe, die auseinanderdriftenden Teile der Gesellschaft zusammenzuhalten, wird einem quasi Orwellschen »Gesellschaftsministerium« übertragen. Das ändert zwar weder etwas an der Langzeitarbeitslosigkeit noch am Zerfall der Gesellschaften in »viele Subkulturen«, aber wenn die Grünen »aufpassen«, wird »den Menschen« durch geschicktes Sozialmanagement wenigstens das »Gefühl« gegeben, eingebunden zu sein und an der gesellschaftlichen Entwicklung zu partizipieren. Vielleicht sollte in einem dritten Schritt das bereits zum Gesellschaftsministerium beförderte Sozialministerium dann »Ministerium für Eingebundenheitsgefühle« genannt werden.

Ein solches Gesellschaftsbild ist nicht auf die Grünen beschränkt; es ist auch bei vielen Linken verbreitet: Weil einer in dieser Gesellschaft wirkenden politischen Kraft, wenn sie mitspielen will, nun mal nichts übrig bleibt, als deren Grundkategorien anzuerkennen, folgt der Kapitulation vorm Kapitalismus der zum Scheitern verdammte Versuch, durch kosmetische Operationen am und im System (also auf der symbolischen Ebene politisch-parlamentarischer Aktivitäten) den Grundwiderspruch der kapitalistischen Ordnung und seine immer deutlicher werdenden brutalen Folgen mit immer mehr Politrhetorik immer entschlossener zu übertünchen.

Die erste Erklärung der PdL nach der »Zäsur« des 13. März 2016 umfasst nur eine knappe Seite.[88] Der Aufstieg der AfD, heißt es darin, sei ein »Ergebnis der Unsicherheit, Hoffnungslosigkeit und Wut, welche die Umverteilung des Reichtums von Unten nach Oben überall hinterlassen hat«. Das sei der »Nährboden, auf dem der rechte Kulturkampf gedeiht«. Gleich im fünften Satz wird konstatiert, am genannten Wahlsonntag habe »die sozial ignorante Politik der großen Koalition eine deutliche Absage bekommen«, aber die »Linke« bleibe dabei, »für soziale Gerechtigkeit, gegen neoliberale Kürzungspolitik und Rassismus« zu kämpfen. Die Partei lade »alle Menschen ein, sich mit uns gegen diesen Rechtsruck in der Gesellschaft zu stellen«. Der Aufruf endet mit dem Satz: »Für eine Zukunft, für die es sich lohnt zu kämpfen, und eine Demokratie, die wieder begeistern kann.«

Das »wieder« weist auf die Vorstellung der Verfasser/innen hin, es habe in Deutschland eine »begeisternde Demokratie« schon einmal gegeben. Wann das gewesen sein soll, wird nicht verraten – überhaupt kommt der ganze Text ohne jede kategoriale Bestimmung des historischen Orts der so dramatisch beschriebenen Situation aus. Weder taucht in ihm das Wort »Kapitalismus« auf noch das Wort »Sozialismus«. Die Tatsache, dass die PdL bei den Wahlen im Frühjahr 2016 die einzige aller im Bundestag vertretenen Parteien war, die in allen drei Bundesländern dramatisch verlor, sich also nicht einmal hinter einem einzelnen Vorzeigeergebnis verstecken konnte, wie das noch Sigmar Gabriel versuchte, wird nicht einmal erwähnt, geschweige denn reflektiert. Statt dessen wird über die falsche Verwendung von Haushaltsüberschüssen lamentiert und werden die sozialpolitischen Forderungen der verlorenen Wahlkämpfe wiederholt. Die Wahlen im September des gleichen Jahres, die der PdL dann auch in Berlin auf Landesebene neue Regierungspositionen verschafften, haben diejenigen in der Partei noch gestärkt, die in einem Zusammenschluss mit anderen systemtreuen Kräften, insbeson-

---

88 Presseerklärung von Katja Kipping, Bernd Riexinger, Sahra Wagenknecht und Dietmar Bartsch vom 17. März 2016.

dere der SPD und den Grünen, das Hauptmittel gegen einen weiteren Vormarsch der AfD sehen.

Die gesamte Debatte um die sogenannte strategische, tatsächlich aber nur taktische politische Ausrichtung dreht sich in der PdL und ihrem Umfeld wie ein Brummkreisel immer nur um einen Punkt: Wie können wir uns bei Akzeptanz der wesentlichen Spielregeln des Kapitalismus – Markt, Staat, Parlamentarismus – so »aufstellen« und präsentieren, dass das Wahlvolk, statt aufzuhören Wahlvolk zu sein und handelndes Subjekt einer selbstbestimmten Entwicklung zu werden, nicht den anderen, sondern uns seine Stimme gibt. In Vorbereitung ihres Parteitags im Mai 2016 machten die beiden PdL-Vorsitzenden Kipping und Riexinger »fünf Vorschläge« zur politischen Praxis: erstens eine »Offensive des Zuhörens und Organisierens in sozialen Brennpunkten, zweitens eine stärkere Verankerung an der Basis der Gewerkschaften, drittens eine neue Mitgliederoffensive, viertens ein Bollwerk gegen Rassismus – die Solidarität organisieren – und fünftens die außerparlamentarische Mobilisierung stärken: für eine soziale Offensive – für alle!«[89] Die Vorschläge sind so gut, wie sie zeitlos sind: Keiner von ihnen fehlt in irgendeinem Positionspapier, seit es die PdL gibt. Wenn es nach den Vorsitzenden geht, besteht das Hauptmittel gegen den Aufstieg der AfD offenbar darin, so weiterzumachen wie bisher, nur noch energischer.

Ein etwas bunteres, aber das Grunddilemma der PdL nicht auflösendes Bild ergibt sich bei Durchsicht weiterer Stellungnahmen aus der Diskussion innerhalb dieser Partei, von denen hier ohne jeden Anspruch auf Vollständigkeit einige kritisch beleuchtet werden sollen.

Der stellvertretende Vorsitzende, Axel Troost, forderte von der PdL kurz nach dem Wahldebakel am 22. März 2016, »nicht einfach zur Tagesordnung überzugehen«, und veröffentlichte am 11. April auf der Website der Partei seine Analyse über den »Genossen Trend und den Rechtspopulismus«. Nach einer Beschreibung der politischen Krise, die sich in den Erfolgen der AfD zeige und die allen etablierten Kräften Zuspruch koste, fragte er: »Und die wirkliche Linke? Der selbsterklärte Turbomotor des linken Spektrums verliert deutlich an Wirkung. Auch die Linke muss sich in den aktuellen Umfragen mit einer geringeren Akzeptanz des Wahlvolks zufriedengeben, sie liegt derzeit bei nur noch sieben Prozent. Ich plädiere dafür, diese Zahlen nicht einfach als kurzfristige Stimmungsbilder abzutun.« Immerhin näher-

89 So die jeweiligen Überschriften der fünf Vorschläge, nach »Neues Deutschland«, 2. Mai 2016, S. 10.

te sich Troost den Ursachen der politischen Verwerfungen, indem er darauf hinwies, dass es bei den neuen Trends nicht um Stimmungen und Gefühle gehe, sondern um handfeste ökonomische Verschiebungen: »Schon jetzt haben die unteren 40 Prozent der Lohnbezieher heute real weniger Einkommen als vor 20 Jahren. Und das, obwohl die Wirtschaftsleistung seitdem um 30 Prozent zulegte. Aber die Zuwächse kamen nur noch bei den Kapitalbesitzern an.«

Statt nun aber zu einer Betrachtung der ökonomischen Mechanismen überzugehen, die diese Ergebnisse erzeugen, verbleiben seine Analyse und damit auch die von ihm vorgeschlagenen Gegenmaßnahmen auf der Verteilungsebene, marxistisch gesprochen: auf der Ebene der Zirkulation. Sein Vorschlag: ohne die ökonomischen Prinzipien der gesellschaftlichen Ordnung in Frage zu stellen, eine andere Vermögensverteilung erwirken. Der Artikel endet bezeichnenderweise mit dem Absatz: »Die modernen rechten Bewegungen werden zurückgedrängt, wenn wir verdeutlichen, dass es eine lebenswerte Zukunft gibt und die Verfestigung der sozialen Spaltung keine wünschbare Alternative ist. Ich setze mich dafür ein, dass die Konkretisierung einer Investitions- und Integrationskonzeption innerhalb der Partei vorangetrieben wird und damit dann der so dringend notwendige Dialog mit vielen gesellschaftlichen Kräften ausgebaut werden kann. Ich werbe dafür, dass wir mit Gewerkschaften, Sozialverbänden und anderen politischen Kräften im Land eine gemeinsame Idee einer Zukunft entwickeln. Jede Verengung auf einzelne Aspekte wird einer notwendigen Gesamtkonzeption gegen den Rechtspopulismus nicht gerecht.«

Auch andere Spitzenpolitiker der PdL hecheln wie Troost hilflos im selbstgesteckten Gedankengehege aus Markt, Tauschwirtschaft, Geld und Staatsapparat hin und her. »Haltung zeigen. Politik gestalten. Das ist Die Linke« überschrieb der Bundesgeschäftsführer und Wahlkampfleiter der Partei, Matthias Höhn, auf derselben Website am 17. Mai 2016 seinen Diskussionsbeitrag, der nach einer ordentlichen Analyse der Beweggründe für die Wählerwanderungen vom März 2016 immerhin folgende Einsicht zeigt: »Wir dürfen uns nichts vormachen, auch uns trifft diese Akzeptanzkrise, denn wir gehören dazu.« Diese Einsicht scheint allerdings so erschreckend zu sein, dass er drei Sätze später beschwörend warnt: »Unsere Antwort darf jedoch nicht sein, die verbliebenen sichtbaren Instrumente funktionierender Demokratie unter einem allgemeinen Urteil über das Schlechte dieser Welt gleich mit verschwinden zu lassen.«

Die zitierte Einsicht treibt Höhn immerhin zur Anerkennung der Tatsache, dass die PdL sich ebenfalls an den Fleischtöpfen der kapitalistischen Staatsmaschine nährt – sie »gehört dazu«. Die AfD hat ja eben recht darin, dass von den geschätzten 600 Millionen Euro staatlicher Zuwendungen pro Jahr an die Parlamentsparteien die inzwischen etablierte PdL sich in den letzten zwei Jahrzehnten eine gute Zehn-Prozent-Scheibe, jährlich also rund 60 Millionen Euro, abgeschnitten hat.[90] Mit dem größten Teil dieser Summe bestreitet der inzwischen auf eine hohe vierstellige Personalstärke angewachsene Partei- und Fraktionsapparat seinen Lebensunterhalt und entwickelt sich von Gehaltsüberweisung zu Gehaltsüberweisung immer weiter weg von der Vorstellung einer Überwindung dieses für ihn sehr auskömmlichen Systems. Folgerichtig stoppt an diesem Punkt Höhns Analyse; er kippt statt dessen ein gewaltiges Programm über den Leser, das in dem kursiv hervorgehobenen Satz mündet: »Das ist unser Angebot an Wählerinnen und Wähler« – wie auf dem Marktplatz, der im Zentrum der ideologischen Verklärung des Kapitalismus steht. Der feine Unterschied bei Höhn besteht darin, dass er dieses Angebot mit dem Stolz auf das innerhalb des Systems schon Erreichte verknüpft: »Wir haben seit eineinhalb Jahren mit Bodo Ramelow einen erfolgreichen und beliebten Ministerpräsidenten. Diese Regierung beweist tagtäglich: Die Linke kann Ministerpräsident.« Konsequent ist Höhns Perspektive »eine offensive Bündnisoption von Sozialdemokratie und Linken«. Auf dieser Basis, damit endet der Artikel, wolle man »im September (2016, M. S.) wieder gemeinsam gewinnen« – das ist, wie wir wissen, nur sehr eingeschränkt gelungen. Dafür haben die übrigen Wahlergebnisse des Jahres 2016 beziehungsweise ihre Interpretation denjenigen den Durchbruch verschafft, die nun offensiv und öffentlich die Bereitschaft fordern, nach der Bundestagswahl 2017, wenn es die Ergebnisse denn irgendwie zulassen, gemeinsam mit SPD und Grünen das imperialistische Zentrum Europas, Deutschland, zu regieren.

Das ist mittlerweile auch die Perspektive jener Teile der Partei, die sich vor den Berliner Wahlen noch skeptisch über eine Regierungsbeteiligung geäußert hatten. Sahra Wagenknecht etwa, aus deren Sicht die AfD »faschistoide Züge«[91] trägt, hatte Anfang des Jahres 2016 noch vor genau dem Kurs ge-

---

90 Zwingen kann sie dazu niemand. Die japanische Kommunistische Partei etwa, die rund 400.000 Mitglieder zählt und seit Jahrzehnten stabil zwischen sieben und zehn Prozent der Wählerstimmen bekommt, lehnt staatliche Zuwendungen, die von anderen Parteien gerne kassiert werden, strikt ab und finanziert ihren recht kleinen Parteiapparat ausschließlich aus Mitgliedsbeiträgen und den Erlösen von Publikationen, unter anderem der Parteizeitung.
91 »Junge Welt«, 2. Mai 2016.

warnt, den sie seit Herbst 2016 unter Hinzufügung der einen oder anderen Bedingung an die SPD mitträgt: »Jetzt ist gerade wieder gesagt worden, Die Linke müsse doch, schon um die Gefahr eines Rechtstrends in Deutschland zu verhindern, mehr für ›Rot-Rot-Grün‹ werben. (...) Ich finde diese Ansicht merkwürdig. Was hat den Rechtstrend europaweit in erster Linie gestärkt, oder was ist in vielen Ländern vorgefallen, in denen rechte Parteien stark geworden sind? Es ist vorgefallen, dass linke Parteien in Regierungen gegangen sind und keine linke Politik gemacht haben und deswegen sehr, sehr viele Menschen enttäuscht waren – und dann rechten Rattenfängern auf den Leim gegangen sind.«[92]

Wagenknechts kritischer Blick auf eine Regierungsbeteiligung war und ist ebenso wie ihr Verständnis für die »enttäuschten Menschen«, die aus einer angeblichen Enttäuschung über die Linke eben rechte Parteien wählen, mit dem Vorschlag einer stärkeren Betonung des Nationalstaats etwa gegenüber der EU verbunden, mit einem politischen Kotau also vor den Ressentiments der neuen Rechtswähler/innen. Auf der rhetorischen Oberfläche liest sich das distanzierter, als es ist: Durch die EU sei der Aufbau »tatsächlich transnationaler europäischer Strukturen« gelungen, »die es dann schaffen, den einzelnen Ländern bestimmte Rahmen vorzugeben, so dass sie nicht mehr eine Politik machen können, die nicht neoliberal ist«.[93] Im nationalen Rahmen, so der Gedanke, ließen sich die auf EU-Ebene nicht erreichbaren progressiven Reformen auch kapitalismus- und parlamentarismuskonform verwirklichen. Die von Wagenknecht geforderte nationale Orientierung wird von skurrilen Figuren wie dem PdL-Bundestagsabgeordneten Diether Dehm unter anderem so übersetzt, dass er seine Website im Rahmen der Fußball-Europameisterschaft 2016 zum Medium unbeschwerter Deutschland-Begeisterung machte und »gegen lustarme Vollpfosten« hetzte, die in Leipzig Deutschland-Fahnen von Autos entfernt hatten.[94]

Folgerichtig geht die nationale Orientierung dieser PdL-Politiker/innen so weit, dass sie sich einer Schließung der Grenzen für viele der durch die Politik der imperialistischen Zentren in diese Zentren gesogenen Menschen nicht mehr energisch entgegenstellen. Sie verbleiben im vieldeutig Vagen – Parteivorstandsbeschlüsse werden durch Äußerungen ihrer Frak-

---

92 Rede Sahra Wagenknechts auf der XXI. Rosa-Luxemburg-Konferenz, »Junge Welt«, 11. Januar 2016.
93 Ebd.
94 »Fähnchenschwenker des Tages« – »Junge Welt«, 15. Juni 2016.

tionsvorsitzenden relativiert.[95] In der Debatte um sozialistische Antworten auf kapitalistische Krisenerscheinungen fallen sie damit um mehr als ein Jahrhundert zurück: In seinen Betrachtungen über den bereits referierten Stuttgarter Sozialistenkongress kritisierte Lenin die Bemühungen, »zünftlerisch beschränkte Anschauungen zu verfechten, ein Verbot der Einwanderung von Arbeitern aus den rückständigen Ländern (Kulis aus China usw.) durchzubringen. Das ist derselbe Geist des Aristokratismus unter den Proletariern einiger ›zivilisierter‹ Länder, die aus ihrer privilegierten Lage gewisse Vorteile ziehen und daher geneigt sind, die Forderungen internationaler Klassensolidarität zu vergessen.«[96]

Zu den Skurrilitäten der Debatten innerhalb der PdL gehört auch der Vorschlag der Bundestagsabgeordneten Christine Buchholz, die ebenfalls »der AfD entgegentreten« will und dafür folgende Initiative mitentwickelt hat: »Dazu wollen wir einerseits sogenannte Stammtischkämpferinnen und -kämpfer ausbilden. Hier wollen wir ein Seminar auf die Beine stellen, das Menschen darin ausbildet, den rassistischen Slogans zu entgegnen. Im September, kurz vor den Wahlen in Mecklenburg-Vorpommern und Berlin, streben wir zudem eine große Mobilisierung gegen rechts an.«[97] Auch hier zeigt sich das Muster einer hilflosen Abwehr, die allein um Maßnahmen kreist, deren Fixpunkt die jeweils nächsten Parlamentswahlen sind. Daran ändert die Verwendung des markigen Wortes »Kämpfer« genausowenig wie das Beschwören antifaschistischer Traditionen. Sie sind zum Scheitern verurteilt, weil die Erfolgsnummer der AfD das Lied gegen das Establishment ist, gegen die Politikerkaste, gegen die da oben. Oft wird innerhalb der Linken der Marxsche Satz zitiert, man müsse die versteinerten Verhältnisse dadurch zum Tanzen zwingen, dass man ihnen ihre eigene Melodie vorsingt. Das ist richtig, aber zu vollbringen nur durch jemanden, der nicht integraler Bestandteil der mitversteinerten politischen Herrschaft ist. Wie soll eine politische Kraft, die stolz darauf ist, von Bundestagsabgeordneten über Minister und Staatssekretäre bis zum Ministerpräsidenten fast alle Posten, die da zu vergeben sind, schon errungen zu haben, und die darauf hofft, demnächst auch am Bundeskabinettstisch Platz zu nehmen, dem Establishment,

---

95 Dieses Spiel in der Grauzone hat Rainer Trampert in »Konkret« 9/2016 unter dem Titel »Sahra Wagenknecht und die völkische Selektion« treffend beschrieben.

96 W.I. Lenin: Der internationale Sozialistenkongress in Stuttgart, Lenin Werke, Bd. 13, S. 71, hier zitiert nach Lothar Elsner: »Marx, Engels und Lenin über einige mit der Arbeiterwanderung im Kapitalismus verbundene Probleme«, »Marxistische Blätter« 1/2016, S. 56.

97 »Junge Welt«, 26. April 2016.

zum Zwecke, es zu derangieren, denn noch dessen Melodie vorsingen, die sie doch längst mitsummt?

Wie weit die Blindheit der PdL gegenüber der eigenen Position im System geht, wird deutlich in der in ihrem Faktenteil durchaus verdienstvollen »Flugschrift« *Europas Rechte* von Joachim Bischoff und anderen, die, wie aus dem Bändchen selbst hervorgeht, »teilweise finanziert« wurde »aus Mitteln des Europäischen Parlaments«.

In Kapitel 9 dieser Schrift – »Wie dem Spektrum der ›Neuen Rechten‹ entgegentreten?«[98] – wird eingangs hübsch, wenn auch mit einem eigentümlichen Vorbehalt formuliert: »Grundsätzlich werden wir den anwachsenden Tendenzen von Rassismus, Fremdenfeindlichkeit und Rückzug auf nationalistische Lösungsversuche nur entgegentreten können, wenn wir einen Weg einschlagen, bei dem kosmopolitisches Handeln mit einem Abbau sozialer Spaltung und Verwerfung vereinbar wird.« Der Wunsch nach Weltbürgertum und innerkapitalistischer Harmonie konkretisiert sich in einem Programm, das gleich zu Beginn ehrlicherweise den Namen Keynes nennt und das den Vorschlägen von Troost bis ins Detail gleicht: gerechtere Steuer- und Einnahmepolitik, effektiverer Steuervollzug, Wiedererhebung der Vermögenssteuer, Finanztransaktionssteuer, Ausbau der Gewerbesteuer, Reform der Grundsteuern, gerechtere Erbschaftssteuer, progressive Besteuerung von Kapitalerträgen und höheren Einkommen sowie Lenkung dieser Gelder in »sinnvolle Investitionen und die Schaffung von Arbeitsplätzen, höhere Löhne, öffentliche Politik, Sicherung der Sozialsysteme (…)« – und alles, ohne die Grundlagen das kapitalistischen Systems auch nur mit einem Wort infrage zu stellen.

Die Vorschläge gipfeln in dem Satz: »Die europäische Linke muss eine Konzeption zur Gestaltung und Überwindung des Finanzmarktkapitalismus entwickeln.«[99] Das sagt alles: Gestaltung *und* Überwindung. Warum, fragt sich der aufmerksame Leser, soll ich etwas gestalten, das ich überwinden will? Der Vorsatz erinnert an das aufwendige Schmücken von Opferochsen, bevor sie geschlachtet werden – gestalten, um zu erledigen. Aber wahrscheinlich ist es schlimmer: Ungewollt wird in dieser Formulierung deutlich, wie sehr der Selbstzweckcharakter der kapitalistischen Geld-in-mehr-Geld-Verwandlungsmaschine bis in die parlamentarisch gezähmte Linke vorgedrungen ist. Denn das systemische Grundprinzip G-G′ sorgt mit innerer Zwangsläufig-

98 Joachim Bischoff et al: *Europas Rechte*, a.a.O., S. 75 bis 87 – folgende Zitate stammen aus diesem Kapitel.
99 Ebd., S. 84.

keit dafür, dass Dinge nur deshalb für den Verkauf »gestaltet« werden, damit sie danach möglichst schnell »überwunden«, also weggeworfen werden können, um Platz zu machen für neue Produkte, die dann wiederum für Geld erworben werden müssen; die affirmative Haltung des zitierten Programms ist selbst widersprüchlich – ganz unabhängig davon, dass es, wie wir annehmen, nach dem sogenannten Finanzmarktkapitalismus keine weitere kapitalistische Variante mehr geben wird.

Des Mitautors Bischoff Selbstverständnis wird noch deutlicher in zwei Aufsätzen, die er in der von ihm mitherausgegebenen Zeitschrift »Sozialismus« publiziert hat und in denen er beispielsweise schreibt: Der »Club der Rechtsparteien versetzt demokratische Parteien und Regierungen in Panik«;[100] an anderer Stelle nennt er »Einstellungsmuster«, die die AfD verkörpere, die auch »unter den Wähler/innen (sic!) der demokratischen Parteien« weit verbreitet seien.[101] An diesen Formulierungen wird zweierlei deutlich: Die PdL ist dem eigenen Selbstverständnis nach Teil des Blocks der etablierten »demokratischen Parteien« aus CDU/CSU/FDP/Grüne/PdL, und die AfD ist, so scheint es Bischoff zu sehen, die Opposition gegen sie – ziemlich genau so, wie die AfD es von sich selber glaubt, wenn sie sich als einzigen ernstzunehmenden Ausdruck des politischen Widerstands gegen das Establishment vorstellt. Wer mit dieser Grundhaltung glaubt, »diese Stimmung und ihre politische Strömung erfolgreich bekämpfen zu können«,[102] glaubt auch, dass sich Brände mit Benzin löschen lassen.

Vor den Landtagswahlen im September hatten, am 1. Juli 2016, »Berliner demokratische Parteien«, das heißt alle fünf im Berliner Abgeordnetenhaus vertretenen Parteien von CDU bis PdL, feierlich eine Erklärung mit dem Titel »Berliner Konsens« verabschiedet. Darin wenden sie sich gegen »rechtsextreme und rechtspopulistische Parteien«, explizit genannt werden NDP und AfD; auf letztere gemünzt heißt es markig: »Eine Partei, (...) die sich zu rassistisch motivierter Stimmungsmache gegen deutsche Fußballnationalspieler hinreißen lässt, bewegt sich nicht auf dem Boden unserer Werteordnung.« Die gemeinsame Werteordnung, die hier unter Einschluss der »Linken« verteidigt wird, ist die, in deren Rahmen Kriege in Afghanistan und anderswo geführt und Hartz-IV-Gesetze erlassen werden.

100 Joachim Bischoff: »Die neue Rechte in der ›Berliner Republik‹«, »Sozialismus« 4/2016, S. 8.
101 Joachim Bischoff und Bernhard Müller: »AfD-Wähler: bloß verirrte oder verwirrte Systemkritiker?« – ebd., S. 16.
102 Joachim Bischoff: »Die neue Rechte«, a.a.O., S. 13.

Die Anti-AfD-Einheitsfront der etablierten Parlamentsparteien zeigt neben der Beschwörung diverser Wertegemeinschaften eine weitere Gemeinsamkeit: Alle an ihr beteiligten Parteien rotieren um die Frage des Abschneidens bei den nächsten Wahlen. Auch bei diesem Bestreben zeigt sich bis in die Wortwahl eine völlige Verinnerlichung kapitalistischer Grundkategorien. Das Phantasma, Wähler/innen von der AfD zum eigenen Laden »zurückzuholen«, wie es immer wieder heißt, macht deutlich, wie sehr sich der Wahnsinn des Systems, zwanghaft alles und jeden zu einem Eigentum von jemandem zu erklären, bis in die letzte Faser der gesellschaftlichen und politischen Oberflächenerscheinungen vorgearbeitet hat.

In der praktischen Konsequenz wetteifern die verschiedenen Ansätze innerhalb der PdL und in ihrem Umfeld – namentlich in der von ihr entsprechend den Wahlerfolgen der Partei mit Geldmitteln versorgten Rosa-Luxemburg-Stiftung – um den Titel der konsequentesten Parlamentarisierung der Bekämpfung der AfD und vergleichbarer nationalbornierter Bewegungen. Streben die einen unmittelbar nach Regierungsbeteiligung (um in der Folge durch Gewährung eines Stücks größerer sozialer Gerechtigkeit die Sehnsucht nach der rechten Systemalternative prophylaktisch auszutrocknen), sind andere in ihren Zielen noch bescheidener geworden: »Nachdem Wagenknecht abschließend fordert: ›Im Bundestag darf es nicht dazu kommen, dass die rechte Opposition stärker wird als die linke Opposition‹, erhoben sich fast alle 580 Delegierten voller Begeisterung.«[103] Wer sich vor allem das Ziel setzt, dass Frau Wagenknecht und nicht Frau Petry ab Ende 2017 im Bundestag zuerst auf Frau Merkel antworten darf, wird wohl keine gesellschaftliche Gegenbewegung gegen die weit über den parlamentarischen Raum hinaus vernetzte rechte Bewegung zustande bringen können.

In ihrem jetzigen Zustand werden die parlamentarischen Kräfte von CDU bis PdL keine Hilfe bei der Anstrengung sein, den Aufstieg der AfD wirksam zu bekämpfen. Werfen wir daher einen Blick über die Grenzen der Parlamente und der um ihre Sitze wetteifernden Parteien hinaus in andere gesellschaftliche Organisationen und Zusammenhänge. Gibt es vielleicht dort Ansätze, die den Auftrieb der Rechten behindern könnten?

---

103 »Welt«, 30. Mai 2016.

4.3. Reaktionen von Medien, Kirchen, Gewerkschaften, Antifa und anderen Organisationen

Parteipolitische Reaktionen sind in der Regel der politisch konzentrierteste Ausdruck gesellschaftlicher Entwicklungen. Das trifft grundsätzlich auch für die Reaktionen auf die AfD zu – allerdings mit einer wichtigen Einschränkung. Das Leitprinzip im Kapitalismus ist das der Konkurrenz. Sie bestimmt letztlich über die Frage, wessen Ware ihren potentiellen Wert auf dem Markt realisieren kann und wessen nicht. Soviel Watte bürgerliche Ökonomen auch um ihre theoretischen Maßgaben wickeln und wie liebreizend das Konkurrenzprinzip danach erscheint: Es entscheidet über Leben und Tod. Die Konkurrenz als Leitprinzip spiegelt sich in allen relevanten gesellschaftlichen Sphären. Das gilt auch für die um Parlamentssitze konkurrierenden Parteien – und zwar sowohl untereinander als auch intern. Zwar gehört dies nicht zum Thema dieser Untersuchung, dennoch sei kurz angemerkt: Solidarität und Konkurrenz sind einander ausschließende Prinzipien. Das auch bei Listenaufstellungen immer wieder durchschlagende Prinzip der Parteien ist aber das der Konkurrenz. Weil sie um Wählerstimmen werben, also als Konkurrenten sich verhalten, verbrämen sie dieses Verhalten durch umso eifrigeres Betonen der Solidarität als ihren innersten politischen Antrieb. Das erklärt auch, warum in nichtbürgerlichen Parteien, die offiziell vom Konkurrenzprinzip nur wenig halten, der Kontrast des Handelns zu den hehren Erklärungen am stärksten und damit am unappetitlichsten ist. Eine linke Partei, die sich den Konkurrenzmechanismen des parlamentarischen Betriebs unterwirft, parodiert unweigerlich ihre eigenen Ansprüche.[104]

Das Konkurrenzprinzip des parlamentarischen Betriebs führt aber auch dazu, dass Parteien bis zur Bildung einer Koalition mit dem Ziel der Erringung von Regierungssitzen und, damit zusammenhängend, weiteren einträglichen Posten andere Parteien, die ebenfalls an die Tröge drängen, bekämpfen müssen. Es wäre daher systemwidrig, wenn aus der Reihe der etablierten Parteien eine Unterstützung für Neuankömmlinge formuliert würde.

Die Konkurrenz um Abgeordnetenmandate besteht im medialen Betrieb nicht. In Kapitel 2 ist bereits auf den »roten Teppich« hingewiesen worden, den die Medien der AfD auf dem Weg in die Hirne der Bürger/innen ausge-

---

104 Unparteiisch wie das Geld selbst wirkt dieses deformierende Prinzip erfreulicherweise nicht nur auf linke Parlamentsorganisationen, sondern auch auf die AfD. Neben dem Schielen auf den Nutzen von Streit für die mediale Aufmerksamkeit – siehe dazu Kapitel 5 – ist eine der Ursachen des Personen-Seilschaften-Hickhacks etwa zwischen Petry, Meuthen und Gauland die Wirkungskraft des innerparteilichen Konkurrenzprinzips.

rollt haben. Namentlich die Springer-Presse hat der Rechtspartei viel Raum gegeben – in der Regel mit einer Distanzierung verbunden, die so formuliert war, dass das Ergebnis bei vielen Lesern gar kein anderes sein konnte als zunehmendes Interesse an der, wenn nicht Sympathie für die neue(n) Kraft. Als beispielsweise das lange geplante Gespräch zwischen der AfD-Spitze und dem Zentralrat der Muslime am 23. Mai 2016 kurz nach seinem Beginn durch Auszug der AfD-Vertreter/in Frauke Petry, dem Vizevorsitzenden Albrecht Glaser und dem Vorstandsmitglied Paul Hampel endete, war dies nicht nur der »Welt«, sondern auch vielen anderen Blättern ausführliche Meldungen auf Seite 1 ihrer Ausgaben wert. Dort auch erschien in der »Welt« am nächsten Tag der väterlich-rügende und wohlwollende Kommentar »Weiterreden, jetzt erst recht!« mit dem hübschen Anfangssatz »Beziehung ist Gegenseitigkeit« und dem küchenpsychologischen Statement: »Das Wesen des Lebens ist Begegnung, gerade da, wo ein Ich auf ein Du trifft, das erst einmal ganz anders ist.« Eingeräumt wurde: »Die AfD bleibt eine Partei in kontrollierter Rechtsdrift. Der Abbruch der Gespräche wird ihr in ihrer Kernwählerschaft eher Zuspruch denn Kopfschütteln einbringen.« Damit die AfD aber im Geschäft bleiben könne – das ist der Tenor dieses Kommentars – solle die Partei diesen wie auch andere Gesprächsfäden nicht abreißen lassen, auch wenn's schwerfalle. Im Klartext: Wer es als islamfeindliche Partei (»islamkritisch« sieht sie sich selbst) schaffe, mit Muslimen im Gespräch zu bleiben, wird auch mit allen anderen politischen Kräften dieses Landes ins Gespräch kommen können.

Wo das Herz der etablierten Medien, vor allem der lokalen, schlägt, ist im Juni 2016 bei einem Protest der Antifa gegen die AfD in Köln-Mühlheim deutlich geworden. Auf dem wie im Vorjahr von Tausenden Kölnern besuchten Birlikte-Festival[105] war unter dem Motto »Zusammenstehen« am 5. Juni auch eine Podiumsdiskussion vorgesehen, die vom WDR live übertragen werden sollte und die unter dem Motto stand: »Was gilt es zu verteidigen?«. Mit eingeladen: Konrad Adam, Journalist, Mitbegründer der AfD, und Naika Foroutan, Professorin für Integrationsforschung und Gesellschaftspolitik

---

105 Das türkische Wort »birlikte« heißt »zusammenstehen«. Zum ersten Mal, berichtete die »Junge Welt« am 8. Juni 2016, hatte das Fest am 9. Juni 2014 anlässlich des zehnten Jahrestags des Nagelbombenanschlags in der migrantisch geprägten Einkaufsmeile von Köln-Mühlheim stattgefunden. Es sollte Solidarität mit den damals Verletzten ausdrücken, die in den ersten Jahren nach dem Attentat selbst Verdächtigungen ausgesetzt gewesen waren, bis sich 2011 der Nationalsozialistische Untergrund (NSU) in einem Propagandavideo mit dem Anschlag brüstete. Auf diesen Hintergrund zielten die von der Antifa verteilten Flugblätter, in denen es heißt, die AfD sei »der parlamentarische Arm der Flüchtlingsheimanzünder und Bürgerwehrfetischisten«.

aus Berlin. Die Diskussion fand nicht statt, weil eine Gruppe vor allem junger Antifaschistinnen und Antifaschisten sie mit Sprechchören verhinderte.

Über Tage und Wochen gab es daraufhin vom Köln publizistisch beherrschenden »Kölner Stadt-Anzeiger« Breitseite um Breitseite nicht etwa gegen die AfD, sondern gegen die Antifaschisten. »Mythos Antifaschismus« schimpfte Kulturredakteur Markus Schwering am 9. Juni dreispaltig, und sein im Artikel hervorgehobener Kernsatz »Hier lauert ein nicht unerhebliches Potential an auch gewaltbereiter demokratiefeindlicher Intoleranz« war nicht etwa auf die AfD, sondern auf ihre Gegner gemünzt. Da half es wenig, dass – immerhin – die ebenfalls am Reden gehinderte potentielle Kontrahentin des AfD-Vertreters Adam, Naika Foroutan, am 15. Juni das Wort im »Stadt-Anzeiger« erhielt, Verständnis für das Bestreben äußerte, der AfD »öffentliche Bühnen zu entziehen«, und den Mechanismus offenlegte, über den es der AfD unter kräftiger Mithilfe der meisten Medien immer wieder gelingt, Aufmerksamkeit, schließlich sogar Verständnis zu gewinnen: »Dazu gehören inszenierte ›Flügelkämpfe‹ zwischen dem Führungspersonal der AfD. Sie dienen dazu, rassistische Positionen vorzutragen, die im ersten Schritt für Empörung und Aufmerksamkeit sorgen. Im zweiten Schritt kommen die Schein-Beschwichtiger der AfD und plazieren das Gedankengut ihrer Partei mit einer vermeintlich erklärenden Position breitflächig im Diskurs. Damit verschieben sich nach jeder Provokation die Sagbarkeitsgrenzen mit den Koordinaten ›Das wird man doch wohl noch sagen dürfen‹ und ›Den oder das kann man doch nicht ernst nehmen‹. Der Protestraum wird damit immer weiter eingeengt, und die menschenverachtenden Positionen der AfD erscheinen als immer weniger radikal.«

Die Antwort auf diese Stellungnahme veröffentlichte die Zeitung in ihrer Wochenendausgabe vom 18./19. Juni, indem sie Werner Spinner, Präsident des 1. FC Köln, ausführlich interviewte, der eine »Debatte über Programm und Politik der AfD fordert« und nicht sie, sondern die Antifa auf die Seite des Indiskutablen stellte – für deren von Spinner gleichsam im Schnellverfahren erledigte Handlungen gelte: »Straftaten sind Straftaten und bleiben Straftaten.« Damit war offenbar alles gesagt: Sobald die Gegner der AfD dem Aufstieg dieser Partei zur Koalitionsreserve der Konservativen ernsthaft hinderlich werden, kriegen sie es mit der geballten Medien- und Staatsmacht dieser Republik zu tun. Nicht bei der AfD, sondern bei ihren Gegnern wird Schluss mit lustig sein. Auch die Schuldfrage ist ja längst schon beantwortet: Nachdem der WDR Konrad Adam die zuvor noch verweigerte Diskussionsplattform organisiert hatte, würdigte der »Stadtanzeiger« diese Veranstaltung (2./3. Juli) nicht nur als eine Art Wiedergutmachung für den geplatzten Disput auf der Birlikte-Veranstaltung, sondern ließ auch den Geschäftsführer der Lit.Cologne, Rainer Osnowski, zu Wort kommen, der an den Ersten Weltkrieg und das Ende der Weimarer Republik erinnerte: »In beiden Fällen seien es die vermeintlich fortschrittlichen ›Linken‹ gewesen, die sich gegenseitig bekämpften und durch radikale Aktionen den Weg ebneten für den politischen Aufstieg von Antidemokraten und Faschisten.«

Unter Konservativen gibt es durchaus Debatten über den richtigen Umgang mit der AfD. Nach den oben erwähnten heftigen Attacken der AfD gegen die Caritas und ihre ökonomischen Interessen an möglichst vielen Flüchtlingen (siehe S. 85) rückte der 100. Deutsche Katholikentag ins Zentrum der medialen Aufmerksamkeit – vor allem durch die Weigerung der Veranstalter, die AfD auf seine Podien einzuladen. Die »Tagesschau« berichtete am 27. Mai 2016: »Das Zentralkomitee der Deutschen Katholiken (ZdK), Organisator des Katholikentags, wollte die Partei in Leipzig schlicht nicht dabei haben. ›Wir sprechen selbstverständlich über die Themen der AfD, aber wir wollen in unseren Diskussionsrunden nicht einfach nur schrille Stimmen aufeinanderprallen lassen‹, erklärte ZdK-Präsident Thomas Sternberg. Die AfD nannte er eine ›unchristliche Partei‹.« Das schlug den programmatischen Intentionen dieser Partei, die sich als Verteidigerin des christlichen Abendlands versteht, ins Gesicht. Prompt fand sich einen Tag später, am 28. Mai, auf Seite 1 der »FAZ« unter der Überschrift »Plumpe Ausgrenzung« ein Kommentar, der die Katholiken rügte und der mit dem Satz beginnt: »Einen größeren Gefallen hätte der Katholikentag der AfD nicht tun können.« Ob nun aus taktischen Gründen oder aus Plumpheit – das Ziel war erreicht: Aufmerksamkeit für die AfD vor allem im christlichen Umfeld.

Gestartet war die AfD als Professorenpartei. Lucke und andere sind zwar nicht mehr dabei und betreiben erfolglos die Konkurrenzpartei Alfa, aber Teile der in Deutschland traditionell rechten Professorenschaft setzen weiter auf das aus ihrer Mitte heraus gestartete Projekt – und sei es nur als Drohpotential. So befasste sich zum Beispiel der in Deutschland wohl nach wie vor bekannteste Ökonomieprofessor, Hans-Werner Sinn, am 4. April 2016 im »Handelsblatt« unter der Überschrift »Den Drogen verfallen« mit der aus seiner Sicht fatalen Zinspolitik der Europäischen Zentralbank (EZB) und insbesondere mit ihren Auswirkungen auf den gegenwärtigen Immobilienboom. Der Artikel endet so: »Noch wäre der deutsche Immobilienboom durch energische Zinserhöhungen beherrschbar, doch angesichts der wilden Entschlossenheit, mit der die EZB in die Gegenrichtung marschiert, muss man eine weitere Vergrößerung der Blase erwarten. Platzt sie, wie es Immobilienblasen zu tun pflegen, käme es zum Gau für den Euro. Dafür würde die neue, Euro-kritische Partei AfD schon sorgen.« Das nennt man in der Politik ein Spiel über Bande; es funktioniert nur, wenn die Bande, hier die AfD, hinreichende Stärke behält beziehungsweise gewinnt.

Angesichts der langsam, aber kontinuierlich stärker werdenden Unterstützerfront im gesellschaftlichen Unterholz muten die Abwehrreaktionen der etablierten gesellschaftlichen Kräfte, die sich gegen die AfD stellen, ähnlich hilflos an wie die der beiden noch vergleichsweise deutlich gegen sie auftretenden Parteien der Grünen und der »Linken«. Anlässlich der Verabschiedung des Grundsatzprogramms der AfD konstatierte beispielsweise der Vorsitzende der Gewerkschaft Verdi, Frank Bsirske: »Wirtschafts- und sozialpolitisch präsentiert sich die AfD als FDP in radikalisierter Form: noch brutaler gegen Arbeitslosen- und Arbeitnehmerinteressen gerichtet, als wir es von Lambsdorff und Westerwelle kannten. Kombiniert mit völkisch-nationalen Positionen gibt es ein unappetitliches Gemisch.«[106] Es gelingt den Gewerkschaften aber, wie die Analyse der Landtagswahlen des Jahres 2016 zeigt, noch nicht einmal, ihre eigenen Mitglieder von der Nichtwahl der AfD zu überzeugen (in Baden-Württemberg lag der Anteil der Gewerkschaftsmitglieder, die AfD gewählt haben, mit 15,7 Prozent über dem allgemeinen Wert für die AfD (15,1 Prozent)). Angesichts dessen nützt es wenig, wenn Bsirske und andere Persönlichkeiten aus dem Gewerkschaftslager, etwa Hans-Jürgen Urban von der IG Metall und Annelie Buntenbach vom DGB-Bundesvorstand, einen »Appell zum Umsteuern in Deutschland und Europa« veröffentlichen, der mit direktem Bezug auf die AfD ein inhaltlich ähnliches, an Keynes angelehntes Programm vorschlägt, wie wir es von Troost und Bischoff bereits kennen. Es endet mit wuchtigen, durchaus nationalistisch gefärbten Sätzen, die wie viele andere wuchtige Sätze inzwischen im politischen Nirwana verhallt sind: »Wenn wir mit Kopf und Herz umsteuern, werden wir alle daran wachsen, menschlich, gesellschaftlich und wirtschaftlich. Wenn wir jetzt in unsere Zukunft investieren, wird Deutschland in zehn Jahren ein stärkeres, ein sozial gerechteres und ökologisch nachhaltigeres Land sein, als es heute ist. Mit einem solchen Kurswechsel wird Deutschland zugleich helfen, bei uns

---

106 »Verdi-News für Aktive«, 30. April 2016, S. 1.

und in anderen Ländern neues Vertrauen in die Zukunft Europas zu schaffen: Ein solidarisches, demokratisches und soziales Europa ist möglich!«[107]

»Kein Fanal«, analysierte Klaus Dräger, Mitglied des Beirats der Zeitschrift »Z« am 26. Mai 2016 in der »Jungen Welt« die Wahlerfolge linker Parteien im Süden Europas, die allesamt nicht die erhofften Veränderungen erbracht und die alle Hoffnungen auf einen Aufbruch auf dem gesamten Kontinent enttäuscht hätten – eine Einschätzung, die neben vielen richtigen Beobachtungen ein weiteres Beispiel für die Perspektivlosigkeit ist, die aus dem Verharren im Gehege des parlamentarischen Betriebs und der kapitalistischen Wirtschaftsordnung zwangsläufig folgt. Die AfD werde nicht so schnell verschwinden, hatte im selben Blatt eine Woche zuvor Daniel Bratanovic gemutmaßt, weil diese Partei im »Establishment« gut verankert sei, sowohl von Arbeitern als auch von Besserverdienenden gewählt und durch nationalistischen Kitt zuverlässig zusammengehalten werde.

Ist der weitere Aufstieg dieser politischen Formation also ähnlich unaufhaltsam wie es bis zum Frühjahr 1941 der Aufstieg des Arturo Ui zu sein schien? Unter diesem Namen beschrieb Bertolt Brecht damals im finnischen Exil den Aufstieg Hitlers, machte aber optimistisch aus dem »unaufhaltsam« ein »aufhaltsam«, das sich allerdings erst realisierte, nachdem vor allem die Sowjetunion unter fürchterlichen Opfern den Nationalsozialismus zerschlagen hatte – nach mehr als 50 Millionen Opfern dieses Regimes, so dass man wird sagen müssen: zu spät.

---

107 www.europa-neu-begruenden.de.

5. Ein aufhaltsamer Aufstieg

Alle bisherigen Reaktionen auf den Aufstieg der AfD kranken an ein- und demselben Grundfehler: Sie bleiben perspektivisch im Rahmen des kapitalistischen Systems und des ihm eingewobenen Staatsapparats. Die pervertierte Rebellion dieser Partei und ihrer Anhänger ist aber in ihrem Kern eine Rebellion gegen das unabweisbar näher rückende Ende der menschlichen Zivilisation und ihren Übergang in die Barbarei, wenn sie den Ausgang aus diesem kapitalistischen System nicht findet. Die Tatsache, dass diejenigen, die ihr Kreuz bei Trump, Le Pen, Wilders, Kaczinsky, Orban, Farage oder Petry machen, diesen Zusammenhang nicht sehen, ändert daran nichts. Sie verlängert lediglich die Leiden, für die sich die geschichtsblinde[108] Menschheit nun offensichtlich für einige Jahrzehnte entschieden hat.

Der erste Abschnitt des 1847/48 verfassten *Manifests der Kommunistischen Partei* beginnt so: »Die Geschichte aller bisherigen Gesellschaft ist die Geschichte von Klassenkämpfen. Freier und Sklave, Patrizier und Plebejer, Bauer und Leibeigener, Zunftbürger und Gesell, kurz, Unterdrücker und Unterdrückte standen in stetem Gegensatz zueinander, führten einen ununterbrochenen, bald versteckten, bald offenen Kampf (...)« Wer sich die Geschichte dieser Kämpfe anschaut, stellt fest, dass sie nicht nur von seiten der Unterdrücker, sondern auch von seiten der Unterdrückten mit einer Vielzahl von Waffen geführt wurden – von Dreizack und Schwert über Dreschflegel und Muskete bis zu Druckmaschinen, Streiks und Repetiergewehren. In allen diesen über die Jahrtausende sich durchhaltenden Klassenkämpfen haben Wahlkämpfe so gut wie keine Rolle gespielt. Es wäre den Kämpfenden wahrscheinlich absurd oder als ein schnell zu durchschauendes Manöver erschienen, wenn sie aufgefordert worden wären, die eigenen Angriffsbemühungen einzustellen und einige zu wählen, die dann stellvertretend für sie aktiv werden, selbst aber tatenlos nach Hause und an ihre Arbeitsstätten zurückzukehren.

Seit einigen wenigen Jahrzehnten stellen wir vor allem in den kapitalistischen Hochburgen eine erstaunliche Verarmung des angesammelten

---

108 Hier könnte auch »geschichtsblind gewordene« stehen. Der kurze, von Karl Marx und einigen anderen vor 150 Jahren begonnene Versuch, über das Begreifen der Natur gesellschaftlicher Prozesse zu ihrer rationalen Gestaltung zu gelangen, ist zwischen dem Erscheinen des *Kapital* (Band 1) und der posthumen Veröffentlichung der *Grundrisse* schnell wieder beendet worden. Aber die Werke und damit die Möglichkeit der kollektiven Selbstermächtigung sind damit nun in der Welt. Nur müssen die Massen von dieser Möglichkeit auch Gebrauch machen; sie darf nicht auf einzelne Informierte beschränkt bleiben.

Reichtums der Klassenkampfformen fest. Fast alle politischen Vorschläge, die in diesem Buch behandelt worden sind, landeten und landen rasch und wie zwangsläufig immer wieder an einem Punkt: der Wahlurne. Sie scheint das Zentrum aller heutigen Politik geworden zu sein. Das gilt für rechte wie erstaunlicherweise auch für linke Kräfte gleichermaßen. Das gilt für den Kampf gegen die AfD wie für andere gegenwärtige politische Auseinandersetzungen auch. So wie schon das schlichte Verknappen von Auftrittsmöglichkeiten für Rechtsradikale durch die Antifa Köln den energischen Ruf nach dem Strafrecht zur Folge hat, so führte das Herauslösen von Steinen aus Gleisbetten zwecks Störung einer Einlagerung des giftigsten Materials, das die Menschheit je erzeugt hat, in den Salzstock von Gorleben zum massiven Einsatz der Staatsgewalt und zum Bau spezieller Gefängnisse für die meist jungen Widerstandskämpfer/innen, die ihre Aktionen nicht aufs Wahlrecht zurückstutzen lassen wollen.

Angesichts der Kriseneinbrüche der letzten Zeit und vor den darin sich bereits abzeichnenden sozialen und kriegerischen Katastrophen der nächsten Jahre und Jahrzehnte ist es ein absurder Kinderglaube zu meinen, das wichtigste Mittel zur Überwindung dieses System bestünde darin, das Volk zu ermuntern, sich alle vier Jahre einzeln in einen staatlicherseits dafür vorgesehenen Raum zu begeben, in einer abgeschirmten Kabine auf ein Zettelchen ein geheimes Kreuz zu machen, den Zettel dann sorgfältig zu falten, in einen vorbereiteten Kasten zu werfen und anschließend in dem Glauben nach Hause zu gehen, nun habe man es dem Kapitalismus aber mal richtig gegeben.[109] Das Gegenteil ist richtig: Das System lebt politisch davon, dass es ihm gelingt, sich durch diesen Irrglauben zu legitimieren, davon, dass es ihm gelingt, die barbarische Entvergesellschaftung der Menschen und ihre Reduzierung auf Agenten des Warentauschs durch ihre alle vier Jahre stattfindende Einverständniserklärung beim Wahlgang zu rechtfertigen. Wer das Wahlrecht in das Zentrum politischer Aktivitäten rückt, nährt diesen Irrglauben. Zugespitzter formuliert: Wer wählt, füttert diese Bestie, statt sie zu schwächen.

Der Glaube an den Parlamentarismus gehört abgelöst durch die bei längst nicht mehr wenigen Jugendlichen ja schon erkennbare Bereitschaft zur direkten Aktion gegen das System – sei es auf den Straßen nach Gorle-

---

109 Diesen spießigen Glauben gibt es auch als linksalternative Variante bei denen, die an einer Schöner-Wohnen-Idylle basteln, in der lediglich Lehmputz die Blümchentapeten der sechziger Jahre ersetzt, und die sich an der Einbildung ergötzen, es denen da oben dadurch gezeigt zu haben, dass sie in der Wahlkabine ihren Wahlzettel ungültig gemacht haben.

ben, bei Hausbesetzungen, Steuerverweigerungen oder militanten Aktionen gegen die zunehmende Militarisierung der bundesdeutschen Gesellschaft. Dies gilt natürlich erst recht für die Abwehr der pervertierten Rebellion in Form der AfD.

Ein Bremsen, gar Stoppen des Aufstiegs der AfD wird billig nicht zu haben sein. Heimliche Kreuzchen oder auch das offene Werben für heimliche Kreuzchen werden das Hauptmittel dieses Kampfes nicht sein können, wenn er denn gewonnen werden soll. Das ergibt sich aus dem Charakter der AfD als einem Oberflächenreflex auf Ereignisse, die auf Eruptionen im gesellschaftlichen Kern der modernen, global gewordenen kapitalistischen Gesellschaft hinweisen. Der Aufstieg der AfD ist aufhaltsam daher nur, wenn die Linke, die für dieses Aufhalten letztlich zu sorgen hätte, zweierlei begreift:

1. Weil der Aufstieg der AfD und vergleichbarer Kräfte Symptom der finalen Krise des kapitalistischen Systems ist, fällt die Lösung dieses Problems mit der Loslösung von diesem System zusammen. Dies bedingt den zunächst abstrakt-gedanklich, dann politisch-strategisch und schließlich real zu vollziehenden Ausbruch aus dem kapitalistischen Gehege mit seinen Grundkategorien Tausch, Ware, Geld, Markt und Staat. Der Kampf gegen die AfD ist in seinem Innersten daher keine defensive, sondern eine offensive Angelegenheit.

2. Im Zentrum der Mittel dieses Kampfes steht nicht die Selbstbeschränkung auf den heimlichen Abwurf von Wahlzetteln in dafür vorgesehene Behälter, nicht also die Abgabe, sondern die (Wieder-)Gewinnung der selbstbewussten Stimme der vom Kapitalismus zu Objekten der Geldverwertung gemachten Menschen. Die Überwindung der kapitalistischen Kategorien fällt mit der politischen Subjektwerdung der Menschen zusammen. Sie werden dabei auf das gesamte Erfahrungsspektrum der historischen Klassenkämpfe zurückgreifen müssen.

In Keimformen zeichnet sich dieser Aufstand, diese auf die kapitalistische Tauschgesellschaft selbst zielende Rebellion bereits ab. Sie wird etwa sichtbar in den Studien über die Commons, denen die 2012 gestorbene einzige Nobelpreisträgerin für Wirtschaftswissenschaft, Elinor Ostrom, ein Denkmal gesetzt hat. Sie ist sichtbar in den vielen praktischen Versuchen, ökonomisches und soziales Leben jenseits der Kategorien von Markt und Staat zu etablieren – auch wenn die meisten von ihnen, weil sie Keimformen blieben, sich am Ende in den Strukturen der kleinen Warengesellschaft und damit im reichlich gefüllten Museum für gescheiterte Alternativprojekte wiederfanden. Das betraf und betrifft Landkommune-Bewegungen, die Stadtguerilla-Ansätze, Projekte der »Solidarischen Landwirtschaft« und des »Mietshäuser-Syndikats«, um nur einige Beispiele für die national wie international und in Reaktion auf die sich verschärfende Krise des Systems wieder intensivere Suche nach einem Ausweg aus dem gesellschaftlichen Niedergang zu nennen.

Sie wird aber auch sichtbar im Wiederentdecken von Marx – sei es durch Autoren wie Moishe Postone und andere jenseits, sei es durch solche wie Robert Kurz und Tomasz Konicz[110] diesseits des Atlantiks. Und sie wird, ein weiteres Beispiel, deutlich an dem beeindruckenden Kampf der gut zwei Millionen Menschen zählenden Bevölkerung von Rojava in Nordsyrien, die beharrlich versuchen, mitten im Chaos der dortigen Kriege eine auf dem Rätesystem basierende Selbstverwaltung nicht nur theoretisch zu begründen, sondern praktisch zu realisieren.

5.1. Ein Blick auf die Commune ...

Diese Kämpfe haben eine gemeinsame Wurzel, die vielfach verdeckt worden ist – auch von der herrschenden Geschichtswissenschaft, die fürs Verdrängen bezahlt wird. Die Geschichte der Klassenkämpfe hat Kampfformen hervorgebracht, die uns noch immer eine Ahnung davon vermitteln können, wie ein für viele Menschen heute unvorstellbares Leben jenseits des Kapitalismus und seiner Grundkategorien aussehen könnte.

Noch in die Aufstiegsphase des Kapitalismus fällt das bis dahin am weitesten ausstrahlende Fanal einer – wie es Friedrich Engels später formulierte – »Diktatur des Proletariats«: die Pariser Commune, die vom 18. März bis zum 28. Mai 1871 die Geschicke von Paris, der damals zweitgrößten Stadt der Welt, bestimmte.[111]

Die Commune entstand in jenem Machtvakuum im Zentrum Europas, das nach der Niederlage der französischen Armee gegen die preußischen Truppen entstanden war. Der Zusammenbruch der Armeen Napoleons III. bei Sedan und Metz und die Gefangennahme des Kaisers führten am 4. September 1870 zur Ausrufung der Republik in Frankreich. Entgegen den Forderungen vor allem der Bevölkerung in den großen Städten Frankreichs verhandelte die neue Regierung mit Preußen über eine Kapitulation. Die Mehrheit

---

110 Zu Konicz siehe Kapitel 3, S. 76 f.
111 Verwiesen sei hier für einen präzisen Überblick über die Commune auf das Buch von Florian Grams: *Die Pariser Kommune* (Köln 2014) und für eine Vertiefung der hier hinsichtlich der Commune gemachten Ausführungen auf das vom Autor der vorliegenden Schrift veröffentlichte Buch *Der dritte Anlauf. Alle Macht den Räten* (Köln 2012).

der im Februar mit ausdrücklicher Zustimmung Preußens gewählten Nationalversammlung wählte Louis-Adolphe Thiers zum Chef der Regierung und beschloss den Frieden mit Preußen – gegen den energischen Widerstand der in Paris gewählten Abgeordneten. Thiers ordnete die Entwaffnung der Nationalgarde an, die aus den über 30jährigen Pariser Bürgern gebildet wurde, die nicht in der Armee gedient hatten. Der Versuch der Regierung, den Beschluss in die Tat umzusetzen und in der Nacht vom 17. auf den 18. März die militärisch wichtigen Geschütze der Nationalgarde zu beschlagnahmen, wird zur Geburtsstunde der Commune: Aufgerüttelt durch Frauen verweigern die Soldaten der Nationalgarde die Herausgabe der Geschütze, die eingesetzten Armeesoldaten verbrüdern sich mit den Attackierten und erschießen anstelle der Gardisten ihre eigenen Generäle. Die in Paris noch befindlichen Teile des Regierungsapparats fliehen ins nahegelegene Versailles. Am 18. März erklärt sich das Zentralkomitee der Nationalgarde zur vorläufigen Regierung und ruft für den 26. März Wahlen aus; zwei Tage später wird auch offiziell die Commune proklamiert. Das Zentralkomitee übergibt die Macht an den Rat der Commune.

Es folgen rasch unerhörte Maßnahmen, die den gesamten europäischen Kontinent in helle Aufregung versetzen und die vor allem den Interessen der unteren Klassen entsprechen: Begrenzung der Nachtarbeit, Erlass von Mietrückständen, Begrenzung der Gehälter der kommunalen Beamten auf die Höhe eines Arbeitergehalts, konsequente Trennung von Kirche und Staat, Einrichtung weltlicher Schulen, Versorgung der Witwen, Waisen und Familien gefallener Soldaten, Übergabe von Fabriken und Werkstätten, die von ihren Besitzern verlassen wurden, an Arbeitergenossenschaften, Verbot von Strafen in Form von Lohnabzügen, Festsetzung von Obergrenzen für den Preis von Brot – und vor allem: Aufhebung der Grenzen von Legislative und Exekutive und die Übergabe der vollziehenden Macht in Paris an die Bürgerinnen und Bürger in den einzelnen Quartieren.

Während diese Maßnahmen umgesetzt werden, entwickelt die Gegenseite in Versailles und Berlin hektische Aktivitäten, um den Aufstand möglichst schnell zu ersticken. Zunächst werden ähnliche Autonomiebestrebungen in Marseille, Lyon und anderswo niedergeschlagen, parallel dazu entlässt Preußen großzügig gefangene französische Soldaten und bildet im Osten von Paris eine undurchdringliche Belagerungssperre aus Soldaten und Stahl um die revoltierende Stadt. So vorbereitet marschieren am 21. Mai rund 170.000 Mann unter Thiers Befehl von Westen gegen die Stadt vor. Der Artillerie der französischen Truppen ausgeliefert, weichen die Verteidiger der Commune Stadtviertel um Stadtviertel nach Osten zurück, bis schließlich die letzten 147 Kämpfer am 28. Mai an der südlichen Mauer des Friedhofs Père Lachaise erschossen werden. Rund 30.000 Kommunarden werden vor und nach diesem Tag getötet, 40.000 werden verhaftet, anschließend entweder umgebracht oder lebenslang aus Paris verbannt. Die Truppen der Konterrevolution beklagen in derselben Zeit 900 Tote. Eine besondere Rolle sowohl bei der Entstehung als auch bei der Gestaltung und Verteidigung der Commune spielen die Frauen von Paris. Sie prägen das gesellschaftliche Leben in diesen 72 Tagen auf eine Weise, wie es anderen Frauen in den folgenden 150 Jahren in Europa nicht wieder möglich gewesen ist.

Grundfalsch wäre es nun anzunehmen, dieser Aufstand wäre ein isoliertes und heute lediglich noch historisch interessantes Beispiel gewesen. Marx hat zu Recht darauf hingewiesen:

Die Pariser Kommune sollte selbstverständlich allen großen gewerblichen Mittelpunkten Frankreichs zum Muster dienen. Sobald die kommunale Ordnung der Dinge einmal in Paris und den Mittelpunkten zweiten Ranges eingeführt war, hätte die alte zentralisierte Regierung auch in den Provinzen der Selbstregierung der Produzenten weichen müssen. In einer kurzen Skizze der nationalen Organisation, die die Kommune nicht die Zeit hatte, weiter auszuarbeiten, heißt es ausdrücklich, dass die Kommune die politische Form selbst des kleinsten Dorfes sein (...) sollte. Die Landgemeinden eines jeden Bezirks sollten ihre gemeinsamen Angelegenheiten durch eine Versammlung von Abgeordneten in der Bezirkshauptstadt verwalten, und diese Bezirksversammlungen dann wieder Abgeordnete zur Nationaldelegation in Paris schicken; die Abgeordneten sollten jederzeit absetzbar und an die bestimmten Instruktionen ihrer Wähler gebunden sein. [112]

Die »Proklamation der Kommune« vom 19. April 1871 zählt unter der Frage »Welches sind (unsere) Forderungen?« auf: »Die absolute Autonomie aller Kommunen Frankreichs, die jeder von ihnen ihre vollen Rechte und jedem Franzosen die freie Ausübung seiner Anlagen und Fähigkeiten als Mensch, Bürger und Arbeiter sichert. Die Autonomie der Kommune findet ihre Grenze nur in dem gleichen Recht aller anderen Kommunen, auf deren auf freiwilliger Vereinbarung basierendem Zusammenschluss die Einigkeit

---

112 Karl Marx: »Der Bürgerkrieg in Frankreich«, in: Marx-Engels-Werke (MEW), Band 17, S. 339 ff.

Frankreichs beruht.«[113] Dieser Autonomieversuch ist blutig niedergeschlagen worden. Aber er ist nie in Vergessenheit geraten.

In diesem Beispiel scheint etwas auf, was für unser eigenes politisches Handeln, wenigstens für die Jüngeren von uns, von eminenter praktischer Bedeutung ist und sein wird – weil die Strukturen, die die genannten Handlungen hervorriefen, dieselben sind, die auch für uns merklich und unausweichlich ihre Wirkungen zu entfalten beginnen. Für Paris gilt ebenso wie für die noch lediglich rudimentären Versuche in Deutschland, »alternativ« zu wirtschaften, dass sie nicht den Nationalstaat, sondern die Kommune im Focus haben. Das gilt für alle Versuche, Entscheidungen dort zu treffen, wo die Menschen nun einmal leben – also in den Dörfern und Stadtteilen.

Also für die Ausweitung des Selbstgestaltungsrechts der Kommunen eintreten? Wäre dieser, oberflächlich ja naheliegende Schritt eine vernünftige politische Konsequenz aus den historischen wie aktuellen Erfahrungen? Wenn auch nicht grundfalsch, wäre er doch kaum mehr als die Neuauflage eines ewig wiederkehrenden hilflosen Appells. Gegenüber all diesen Appellen, die den Rahmen des Systems nicht antasten, hatte jedenfalls Paris eine grundlegend andere Qualität.

In seiner komprimierten, für uns oft ungewohnten Sprache hat Marx den Irrtum beschrieben, den diejenigen beginnen, die die damals hochmoderne Pariser Commune mit der banalen systemimmanenten Forderung nach mehr Einfluss für die dörfliche oder städtische Ebene verwechselten:

Es ist das gewöhnliche Schicksal neuer geschichtlicher Schöpfungen, für das Seitenstück älterer und selbst verlebter Formen des gesellschaftlichen Lebens versehn zu werden, denen sie einigermaßen ähnlich sind. So ist diese neue Kommune, die die moderne Staatsmacht bricht, angesehn worden für eine Wiederbelebung der mittelalterlichen Kommunen, welche jener Staatsmacht erst vorausgingen und dann ihre Grundlage bildeten. (...) Der Gegensatz der Kommune gegen die Staatsmacht ist versehn worden für eine übertriebne Form des alten Kampfes gegen die Überzentralisation. (...) Die Kommunalverfassung würde im Gegenteil dem gesellschaftlichen Körper alle die Kräfte zurückgeben haben, die bisher der Schmarotzerauswuchs ›Staat‹, der von der Gesellschaft sich nährt und ihre freie Bewegung hemmt, aufgezehrt hat.[114]

113 Zitiert nach *Die Pariser Kommune 1871*, hrsg. von Helmut Swoboda, München 1971, S. 176.
114 Karl Marx: »Der Bürgerkrieg in Frankreich«, a.a.O., S. 339 f.

Mit anderen Worten: Das Neue der Commune war nicht das Vertraute. Sie war keine rückwärtsgewandte, nostalgische Wiederaufnahme untergegangener Vorformen des bürgerlichen Staates, sondern der erste praktische Anlauf für eine künftige Überwindung dieses Staates.

Der bürgerliche Nationalstaat ist untrennbar mit dem Kapitalismus verbunden. Er ist seine Schöpfung, seine Stütze und wird mit ihm untergehen. Der innere Kern des kapitalistischen Systems und damit des bürgerlichen Staates aber ist die Ausbeutung der zur Ware gemachten menschlichen Arbeitskraft. Daher sagt Marx folgerichtig, dass die Commune die politische Form war, »unter der die ökonomische Befreiung der Arbeit sich vollziehen konnte. Ohne diese letzte Bedingung war die Kommunalverfassung eine Unmöglichkeit und eine Täuschung.«[115] Der letzte Satz verweist darauf, dass die Commune nur auf den ersten raschen Blick vergleichbar ist mit dem erbärmlichen Alltag unserer parteibornierten und staatsabhängigen Kommunalpolitik und ihren politisch kastrierten Scheinräten. Im Gegensatz zu den genannten Beispielen emanzipatorischer Arbeit auf kommunaler Ebene sind sie nicht Opposition, sondern Teil des Korsetts, dessen wir uns auch hier entledigen müssen, um in einer von der Knechtschaft dieses Systems befreiten Zukunft leben zu können.

Marx spricht hier von der »Befreiung der Arbeit«. Wovon soll sie befreit werden? Die Commune steht am Beginn der Konstitution dessen, was wir heute Kapitalismus nennen. Und wir stehen am Beginn des Endes dieser Art und Weise der Menschen, ihr Zusammenleben zu organisieren. Die Begeisterung von Marx und Engels für die Commune rührte daher, dass sie eher als die meisten anderen begriffen, dass dort für eine kurze Zeit die Möglichkeit einer Überwindung der kapitalistischen Grundkategorien aufschien. Sie knüpfte dabei zum Teil an Traditionen aus der vorkapitalistischen Zeit an, die eine stärkere Stellung und Selbstbestimmung der einzelnen Dörfer – sprachlich, kulturell, ökonomisch und politisch – gekannt hatte als das zentralisierte Frankreich des 19. Jahrhunderts.

Für Menschen vor wie nach dem Kapitalismus wäre es eine absurde Vorstellung (gewesen), das kollektive Handeln an der Geldvermehrung auszurichten und aus »wirtschaftlichen Gründen« zum Beispiel Krankenhäuser zu schließen oder Menschen, die nützliche Dinge tun – etwa Lebensmittel ohne Chemie zu produzieren – zu zwingen, das zu unterlassen, nur weil »es

---

115 Ebd., S. 342.

sich nicht rechnet«. Auch Prämien für das Verschrotten noch brauchbarer Autos würden und werden Kopfschütteln hervorrufen, ebenso möglicherweise der Verzehr von Geflügel, dessen Lebens- und Verarbeitungsbedingungen so unerträglich sind, dass nur organisierte Unkenntnis davor schützt, dass der Bissen im Halse steckenbleibt.

Von 1789 bis heute ist ein den ganzen Erdball umfassendes, einheitliches Gesellschaftssystem entstanden, dessen innerer Selbstzweck nicht die Befriedigung menschlicher Bedürfnisse, sondern die Verwertung von Geld ist. Dieses Selbstzwecksystem führte und führt im Laufe seines Bestehens, vor allem aber sowohl in seiner aufsteigenden wie in seiner absteigenden Phase, immer wieder zu Rebellionen gegen die Zumutungen, die es für die ihm unterworfenen Menschen parat hat.

In seiner aufsteigenden Phase sind zwei Rebellionen von besonderer Bedeutung gewesen: Die Pariser Commune und der große, 1917 mit der Russischen Revolution begonnene und 1989 so kläglich zu Ende gegangene Versuch des sich selbst so bezeichnenden realen Sozialismus. Beide waren zum Scheitern verurteilt, insofern sie den inneren Mechanismus dieser Selbstzweckmaschine nicht in Frage stellten und – während der aufsteigenden Phase dieses Systems – massenwirksam auch nicht in Frage stellen konnten. Das zeigen auch die inneren Schranken der Commune, die Robert Kurz so beschrieben hat:

Natürlich hatte die Commune nicht genügend Zeit, um die bestehende Ordnung grundsätzlich umzuformen. Außer vagen Formulierungen gab es dafür allerdings auch weder in Frankreich noch anderswo ein Programm, das über die damals schon beschränkten, industriekapitalistisch geprägten Vorstellungen der Sozialdemokratie hinausgegangen wäre. Dass etwa die Commune aus den Schulen die Kruzifixe entfernen ließ oder dass der Erzbischof von Paris als Lösegeld für in Versailles zum Tode verurteilte Kommunarden angeboten (und verschmäht) wurde, zeigt nur, wie sehr die Revolutionsidee auf dem Niveau und im Begriffshorizont der bürgerlich-liberalen Umwälzung verharrte. Abgesehen von solchen marginalen Bilderbuch-Aktionen waren die perspektivischen Maßnahmen der Commune mehr als bescheiden und gingen in keiner Weise über den Rahmen der kapitalistischen Produktionsweise hinaus. Am ehesten lassen noch die radikaldemokratischen Veränderungen des politischen Systems aufhorchen: Die Commune beschloss die jederzeitige Abwählbarkeit der Abgeordneten und Beamten (»imperatives Mandat«) und den berühmten »Arbeiterlohn« für alle staatlichen Funktionsträger; die eine Maßnahme rein

formal, die andere rein quantitativ. (...) »Abwählbarkeit« *und* »Arbeiterlohn«
betreffen überhaupt nicht qualitativ den Staat als Regulierungsmaschine *der*
›abstrakten Arbeit‹, *sondern bewegen sich als Maßnahmen innerhalb des un-*
begriffenen Systemhorizonts.[116]

Solche Beschränktheit ist verzeihlich in der Aufstiegsphase des Kapitalismus – für die heute Kämpfenden am Ende der Entwicklungsperspekti-
ve dieses Systems wäre sie unverzeihlich.

Die Hoffnung erwächst – das gehört zur Dialektik geschichtlicher Prozesse – häufig aus Hoffnungslosigkeit. Griechenland, Spanien oder Portugal
hatten nach dem Zweiten Weltkrieg »Vollbeschäftigung«, in den neunziger
Jahren die Arbeitslosenzahlen, über die Deutschland heute verfügt, und zur
Zeit sind dort ein Viertel aller Menschen und rund die Hälfte der unter 25jäh-
rigen arbeitslos. Aber auch für Deutschland werden die Beben dieser und
noch weiter entfernter Regionen spürbar – etwa durch das, was allgemein
Flüchtlingskrise geschimpft wird, was wir aber als die an den Flüchtlingen
exekutierte Krise dieses Systems am Beginn seines Endes analysiert haben.

5.2. ... nach Rojava ...

Am 21. Mai 2016 erschien in der »Jungen Welt« ein Interview mit Bese Hozat,
der Co-Vorsitzenden des Exekutivrats der Union der Gemeinschaften Kurdistans. Darin verweist sie darauf, dass der Krieg der türkischen Regierung
gegen die Kurden in der Türkei auch darauf zielt, den von Syrien ausstrah-
lenden Einfluss der mit dem Namen Abdullah Öcalan verknüpften Idee zu
ersticken, wie dies einst der Pariser Commune geschah. Gefragt, wie denn
ein Naher Osten aussehen könnte, in dem ein »Demokratischer Konföderalismus« realisiert sei, antwortete sie:

Der Nahe Osten ist keine Region, der so ein System fremd ist. (...) Die Re-
gion lebte Jahrtausende (...) sehr gemeinschaftlich. Auch nach der Entstehung
des Staates, also in der nachsumerischen Zeit, führten viele Völker, zahlreiche
soziale Gruppen jahrhundertelang als Stammeskonföderation organisiert ein
brüderliches Zusammenleben in Freiheit und Frieden. (...) Auch in Kurdistan
ähnelt die Gesellschaftsstruktur dieser Tradition. (...) Unser Paradigma eines
demokratisch-konföderalen Systems beruht auf dieser historisch-kulturellen
Realität. Es ist von ihr nicht weit entfernt. In der Zeit danach, vor allem ab
dem 20. Jahrhundert, mit der Entstehung der nationalstaatlichen Systeme im

---

116 Robert Kurz: *Schwarzbuch Kapitalismus*, a.a.O., S. 241 f.

Nahen Osten, entstand Chaos. Ein solches System ist nationalistisch und rassistisch zugleich. Es funktioniert, indem in ihm alle Identitäten bis auf eine verleugnet werden. Die anderen werden abgelehnt und vernichtet. (...) Unser demokratisches konföderales System verwirklicht einen Gesellschaftsentwurf, der sich aus der Kritik an der Nationalstaatlichkeit entwickelt. Wir denken, dass eine solche Struktur die Völker, ihre Kultur, ihre Geschichte, ihre Geographie vernichtet. Wir glauben, dass das demokratische konföderale System die beste Alternative dazu ist, die auch der Geschichte und Kultur der Region entspricht. Deshalb haben wir die große Möglichkeit, es ins Leben zu rufen. Das demokratisch-konföderale Gesellschaftssystem in Rojava ist das lebendigste Beispiel dafür.

Die von Hozat beschriebenen Vorstellungen haben in Deutschland schon in den Jahren nach 2003 eine Resonanz in damals allerdings noch kleinen Zirkeln gefunden, nachdem das vom PKK-Vorsitzenden Öcalan im Gefängnis geschriebene Buch *Gilgameschs Erben. Von Sumer zur demokratischen Zivilisation* auf Deutsch erschienen war. »Die darin formulierte Absage an jegliche – auch kurdische – Form des Nationalismus, die generelle Kritik am Staat, auch dem realsozialistischen, und der Vorrang der Frauenbefreiung führte vielerorts zu Diskussionen und neuem Interesse an der ›kurdischen Frage‹«, schreiben Anja Flach, Ercan Ayboga und Michael Knapp im Vorwort zu ihrem 2015 veröffentlichten Buch *Revolution in Rojava.*[117] Im Jahr 2012, schreiben sie, sei es den Kurdinnen und Kurden gelungen, sich im Zuge des syrischen Bürgerkriegs zu befreien und mit der Umsetzung des »Demokratischen Konföderalismus« in den drei Regionen Rojavas – in Afrin, Kobani und Cizire – zu beginnen. Die Bedeutung dessen, was dort geschieht, fasst Michael Knapp für die hiesigen Verhältnisse so zusammen:

Für viele Menschen, auch für Linke, ist es oft schwer, die Begriffe Gesellschaft und Staat auseinanderzuhalten. Deshalb möchte ich hier zunächst Antonio Gramscis Definition der Zivilgesellschaft als Basis des bürgerlichen Staates zur Anwendung einführen (...). Gramsci geht davon aus, dass die Zivilgesellschaft ein Instrument der herrschenden Klassen darstellt, Hegemonie zu produzieren und durch Hegemonie Zustimmung zu erzeugen. Diese Benutzung zivilgesellschaftlicher Organisierung von Gewerkschaften, Vereinen etc. für die Erzeugung von Zustimmung für die Hegemonie trifft jedoch auf die

---

117 Anja Flach et al.: *Revolution in Rojava. Frauenbewegung und Kommunalismus zwischen Krieg und Embargo,* Hamburg 2015, S. 10.

Gegenwart der kapitalistischen Moderne nur noch eingeschränkt zu. Sie wurden als Mittel politischer Mitbestimmung nahezu vollständig ausgeschaltet. (...) Gramscis Begriff von Zivilgesellschaft kann nur noch in eingeschränktem Maße greifen. Insbesondere wenn wir die aktuellen repräsentativen Systeme und ihre Konsequenzen in Europa und den USA beobachten, dann können wir eine systematische Entpolitisierung der Zivilgesellschaft sehen, deren politische Ausdrucksfähigkeit auf vierjährige Wahlen weitgehend reduziert worden ist und Menschen erzeugt, die Objekt des Regierens sind. Diese Entpolitisierung stellt einen Teil der Strategie dar, eine politische Hegemonie der Resignierten und »Politikverdrossenen« zu schaffen und damit ein Aufbrechen der gesellschaftlichen Konflikte präventiv zu verhindern (bzw. nur in der Variante der pervertierten Rebellion zuzulassen, M.S.). *Die kurdische Freiheitsbewegung definiert den Staat als Mittel der Profitextraktion zugunsten von bestimmten gesellschaftlichen Gruppen oder Klassen, das zur Vereinzelung und Autoritätsfixierung führt. Demgegenüber steht in der Betrachtung der kurdischen Freiheitsbewegung die Gesellschaft, die seit Jahrtausenden vom Staat zu seinen Gunsten kolonisiert und unterworfen wird. Der Begriff der »Zivilgesellschaft« als Basis des bürgerlichen Staates bei Gramsci erlebt also eine grundsätzliche Umkehrung, die Gramsci selbst als den Aufbau einer Gegenhegemonie beschrieb, durch den Antietatismus der kurdischen Freiheitsbewegung, was bedeutet, dass die Stärkung der Zivilgesellschaft das Ziel hat, den Staat aufzuheben.*[118]

Die Kommune ist, wie die Verfasser in einem eigenen Abschnitt ausführlich begründen, »das Zentrum der Demokratischen Autonomie«.[119] In ihr wird entsprechend dem Prinzip der Räte und dem Grundsatz nach wie in Paris vor knapp 150 Jahren das praktische Leben unter Einbeziehung möglichst aller Bewohner der jeweiligen Ortsteile und Dörfer organisiert. Dies geschieht im bewussten Rückbezug auf die Pariser Commune und mit einem »radikal auf die gesamte Gesellschaft erweiterten Demokratiebegriff, um durch direkte Partizipation repräsentative Systeme zu überwinden«.[120] Dabei gilt auch: »Ähnlich wie in der Tradition von Rosa Luxemburg erweitert sich der Demokratiebegriff auf die ökonomischen Verhältnisse – das bedeutet, die Ökonomie als Teil der Gesellschaft soll demokratisiert werden. Der Verstaatlichung steht hier der Begriff der Vergesellschaftung gegenüber. Ver-

---

118 Ebd., S. 176 f.
119 Ebd., S. 171 ff.
120 Ebd., S. 100 – Titel des Kapitels: »Von der Pariser Kommune zum Demokratischen Konföderalismus«.

gesellschaftung meint die Verwaltung der freien ökonomischen Ressourcen durch die Räte und Kommunen und den Aufbau von an diese angeschlossene Kooperativen.«[121]

Dies mag für einen kurzen Blick nach Rojava reichen. Für uns ist hier vor allem die Tatsache wichtig, dass dort, wo sich auf diese oder eine vergleichbare Art eine tatsächliche Rebellion gegen die Zumutungen der kapitalistischen Moderne entfaltet und entwickelt, das Phänomen der pervertierten Rebellion, das momentan in den Hochburgen dieser Moderne so erfolgreich ist, keinen Raum hat. Die pervertierte Rebellion kann nur dort gedeihen, wo die wirkliche Rebellion, die dem System an die Wurzeln geht, noch nicht Fuß gefasst hat. Auch dies beweist die Notwendigkeit nicht eines defensiven, sondern eines offensiven Vorgehens gegen die pervertierte Rebellion, die in Deutschland unter den Kürzeln AfD und Pegida in Erscheinung getreten ist.

Die Revolution von Rojava ist in einem für westeuropäische, japanische oder US-amerikanische Verhältnisse unvorstellbaren Ausmaß von Frauen geprägt. Das unterschied bereits die Pariser Commune von allen politischen Bewegungen der damaligen Zeit – die Anfänge der Oktoberrevolution vielleicht ausgenommen. Und es ist kein Zufall. Die Struktur des Kapitalismus und seine notwendige Negation durch eine Gesellschaft jenseits der Kategorien Ware, Geld, Markt und Staat erklärt die besondere Rolle der Frauen, die sie sowohl in der Commune als auch in Rojava und allen künftigen Kämpfen spielten, spielen und spielen werden: Das System kann nur existieren, indem alle der Verwandlung von Bedürfnissen in die Warenform entgegenstehenden Zusammenhänge abgespalten und an eine Gruppe von Menschen übertragen werden, die diese nicht unter die Formel G–G′ pressbaren Bedürfnisse befriedigen kann.[122] Das betrifft vor allem die mit der Reproduktion zusammenhängenden Bedürfnisse und Fähigkeiten. Da keine Gesellschaft auf Dauer ohne Kinder existieren kann, kein Kind aber ohne Mutter auf die Welt kommt, ist diese Abspaltung nicht warenförmig zu machender Bedürfnisse geschlechtsspezifisch erfolgt. Die Rebellion der Frauen von Paris bis Rojava und darüber hinaus ist die logische Konsequenz dieser Abspaltung und weist gleichzeitig auf die Perspektive einer Gesellschaft ohne Markt, Geld und Staat als einer Vereinigung von Menschen hin, die sich, ausgehend von der kommunalen Ebene, so organisieren, dass in das Zentrum der Gesellschaft

121 Ebd., S. 101.
122 Siehe dazu ausführlich: Roswitha Scholz: *Das Geschlecht des Kapitalismus. Feministische Theorien und die postmoderne Metamorphose des Patriarchats,* Bad Honnef 2000.

die Befriedigung ihrer Bedürfnisse anstelle des Selbstzwecks der Geldvermehrung rückt.

Wo sich Menschen in ihren Stadtteilen und Dörfern selbst ermächtigen und die Organisation ihres Lebens kollektiv in die Hand nehmen, erlischt die fatale Fixierung auf Parlamente. In der Entstehungsgeschichte des Kapitalismus ist das Wahlrecht oft der Brosamen gewesen, der jenen hingeworfen wurde (und noch immer wird), denen die Perspektive einer selbstbestimmten Gestaltung ihrer gesellschaftlichen Beziehungen geraubt wurde. In einem 150jährigen Prozess sind ihnen die realen Möglichkeiten zur Selbstbestimmung ihrer eigenen Angelegenheiten immer konsequenter eingedampft und sie selbst (des)orientiert worden auf die Delegation dieser Selbstbestimmung an Parlamente, die sie bildenden Fraktionen und die an der Spitze dieser Hierarchie von diesen Apparaten gebildeten Regierungen.

Schauen wir ein letztes Mal auf Paris – nicht auf das des Jahres 1871, sondern auf das von heute. Mehr als zwei Millionen zogen im Juni 2016 dort und in anderen französischen Städten auf die Straßen, um gegen die französische Variante der Agenda 2010 zu kämpfen, die auch dort, wie hierzulande geschehen, von sozialdemokratischen Politikern durchgesetzt werden soll – in Deutschland hat das Gerhard Schröder erledigt, dort soll dies Francois Hollandes Nachfolger tun (wer die Aufgabe übernimmt, steht bei Drucklegung dieses Buches noch aus). Aber die dortige Bewegung beschränkt sich nicht auf große Demonstrationen und die Hoffnung auf eine Abwahl der Regierung. »Nuit debout«, die Aufrechten der Nacht, nennt sich die Bewegung, die seit März 2016 wochenlang Abend für Abend und Nacht für Nacht Tausende auf der Place de la République zusammengeführt und Nachahmer in über 60 Städten von Brest bis Straßburg, von Calais bis Marseille gefunden hat. Kennzeichen dieser Bewegung ist der Verlust des Glaubens an die staatlichen Institutionen und die in ihnen handelnden Personen – ein 25jähriger Student, der seinen Namen nicht nennen wollte, wird im »Handelsblatt« vom 13. April mit dem schönen Satz zitiert: »Wir haben uns nichts von Hollande versprochen. Er hat uns trotzdem enttäuscht. Das ist eine starke Leistung.«

Was das »Handelsblatt« aber wirklich erschreckte, sind die Perspektiven einer solchen Bewegung, die sich möglicherweise nicht mehr einhegen lässt in die gewohnten und seit 150 Jahren nicht mehr grundsätzlich in Frage gestellten Kategorien: »Seit März«, schreibt das Blatt unter der Überschrift »Land im Ausnahmezustand« am 8. Juni 2016, »hat sich eine schrille Widerstandskoalition aus radikalen Gewerkschaften, Kommunisten und frustrierten Jugendlichen zusammengefunden«. Ersetze »schrille« durch »hoffnungsvolle« – und es könnte sein, dass Paris für den europäischen Kontinent erneut ein Signal gibt für eine Welt jenseits des Kapitalismus und dass es das diesmal nicht in dessen auf-, sondern in dessen absteigender Phase tut (wofür ja gerade der bedrohliche Erfolg des Front National ein sicheres Zeichen ist). Und wenn nicht aus Paris – dann wird es von anderswo kommen.

5.3. ... und auf unsere Aufgabe:
eine offensive Strategie gegen die AfD

Anja Flach, die von 1995 bis 1997 in den Bergen Kurdistans als Internationalistin lebte und die im Mai 2014 vier Wochen in der Region Cizire in Syrien über die Revolution in Rojava recherchierte, wurde im April 2015 bei einem Kongress in Hamburg (Titel: »Die kapitalistische Moderne herausfordern«) nach ihrer wichtigsten Erfahrung befragt und antwortete: »Die wichtigste Erfahrung ist für mich, dass man gewinnen kann und dass es nicht reicht, nur gegen irgend etwas zu sein und auf die Straße zu gehen. (...) Es geht um Selbstermächtigung und die feste Überzeugung, etwas verändern zu können. Erforderlich ist ein sehr langer Atem.«[123]

Damit sind die wichtigsten allgemeinen Elemente einer Strategie gegen den (weiteren) Aufstieg der AfD und vergleichbarer Kräfte benannt: nicht allein gegen, sondern für etwas sein, nicht delegieren und jemanden wählen, der für eine/n etwas tun soll, sondern sich (kollektiv) selbst ermächtigen und mit Emphase auf die lange Strecke gehen, um die als richtig erkannte grundlegende Alternative gegen alle Widerstände durchzusetzen.

Ein solcher noch notwendig grober Ansatz vermeidet das Klein-Klein, das linke Politik namentlich in Deutschland seit der großen Niederlage von 1989 (nicht nur der auf die DDR bezogenen, sondern letztlich aller nach einer Alternative zum Kapitalismus strebenden Kräfte) kennzeichnet und das sich in Dutzenden von Aufrufen, Demonstrationen und immer neuen Wahlempfehlungen niedergeschlagen hat. Solche Aktivitäten können, bedenkt man ihre beschränkte Reichweite, sinnvoll sein, sie machen aber nicht den Kern einer erfolgreichen politischen Strategie aus.

Ein Agieren gegen die AfD darf sich auch nicht auf die Aufklärung über ihre Absichten beschränken. So verdienstvoll beispielsweise die scharfe Kritik ist, der Ellen Brombacher von der Kommunistischen Plattform der PdL

---

123 Zitiert nach »Schattenblick«, Interview/265, Abruf vom 22. März 2016.

das Programm der AfD unterzieht, so irrt sie, wenn sie schreibt, dass »wir (...) nur wirkungsvoll agieren (können), wenn wir die Programmatik der Rechten, allen voran die der AfD, entlarven. Versuchen wir also aufzuklären über die wahren Ursachen dafür, dass die Welt aus den Fugen gerät, jeden Tag ein wenig mehr. Bis in die Familien hinein. Das geht nicht ohne Systemkritik.«[124] Ja, alles richtig – aber auch dieser Vorschlag zeigt die hilflose Beschränkung zum einen auf eine defensive Abwehr der drohenden Gefahr anstelle des Willens zu einer offensiven Entfaltung einer realen Systemalternative im Anschluss an die Systemkritik. Brombacher hat recht: Es geht um die Aufdeckung der »wahren Ursachen dafür, dass die Welt aus den Fugen gerät, jeden Tag ein wenig mehr. Bis in die Familien hinein.«[125] Das aber ist eine andere Form der Aufklärung als die, den Menschen vorzugaukeln, sie könnten substantiell an ihren Lebensumständen etwas ändern durch ein Kreuz auf einem Stück Papier etwa im September 2017.

In der bisher erfolglosen Abwehr des Aufstiegs von AfD, FN, Donald Trump, Ukip, PiS, FPÖ und anderen sind vor allem zwei Gefahren sichtbar geworden, die es zu vermeiden gilt:

• Es wird keine Entwicklung einer wirklichen Alternative zum kapitalistischen System geben, wenn sich die Linke weiter lediglich zwischen den Polen Markt und Staat bewegt. Das sind nur die beiden Arme derselben Bestie Kapitalismus, die uns schröpft und wehrlos macht. Als Lohnabhängige bekommen wir nur den Teil unserer Leistung in Geld ausgezahlt, der unserem Wert als Ware Arbeitskraft entspricht, ein immer größerer Teil wird uns vom Kapital als sein Mehrwert abgezapft. Von dem uns verbleibenden Geld führen wir einen stets wachsenden Teil an die Staatsmaschine ab, die nur, wie es Marx und Engels einmal formulierten, ideeller Gesamtkapitalist und geschäftsführender Ausschuss des Kapitals ist. Die Steuern, die wir zu entrichten haben, fließen als Verbrauchssteuern auch dann, wenn wir Renten oder Arbeitslosengeld beziehen, also selbst der Ausbeutung durch Unternehmen gar nicht mehr zur Verfügung stehen. Es ist ein Irrglaube, mehr Staat für links und mehr Markt für rechts zu halten. Die Erlangung

124 Ellen Brombacher: »Ein Programm, offen für faschistoide Kräfte und Entwicklungen«, in: »Mitteilungen der Kommunistischen Plattform der Partei Die Linke«, Heft 7/2016, S. 13.
125 Ein im übrigen wichtiger Aspekt: Von allen Seiten, vor allem aus dem grünalternativen Spektrum, schallt uns wieder das Hohelied der Familie entgegen. Das ist ein noch heimeligerer, weil privater Rückzugsraum als die »Nation«. Weder Nation noch Familie aber werden zuverlässige Dämme gegen das Chaos sein, das auf uns zukommt, wenn die außer- und unterhalb von Nation und Familie wirkenden Triebkräfte dieses Chaos' nicht in den Blick genommen und gebändigt werden.

von Freiheit und Selbstbestimmung ist nur jenseits dieser beiden Kategorien möglich.

• Die zweite, damit zusammenhängende Gefahr ist die des Vertrauens auf den Parlamentarismus.[126] Insbesondere die auf die Partei Die Linke gerichteten Hoffnungen werden, so sie das noch nicht sind, weiter enttäuscht werden. Trotz allen Engagements vor allem ehrenamtlich tätiger Mitglieder, die in ihr mit der Hoffnung wirken, sie sei ein Instrument, Auswege aus dem Kapitalismus zu finden: Sie ist inzwischen fest mit dem Staatsapparat verwachsen und trägt ihren Teil dazu bei, die Geldmaschinerie funktionsfähig zu halten. Sie gehört auf die Seite des Kapitals, ist Teil des Geheges, in das wir eingefriedet werden sollen, egal mit welchen Girlanden das in den regelmäßig wiederkehrenden Sonntagsreden von ihren vom Staat besoldeten Abgeordneten und Angestellten verhüllt wird.

Eine diesen Namen verdienende Strategie gegen den weiteren Aufstieg der AfD besteht aus fünf miteinander verbundenen Schritten, die auf den wachsenden Widerstand der Gegenseite stoßen werden:

1. Nötig ist eine die Kritik des Werts als zentrale Kategorie des seit 400 Jahren herrschenden kapitalistischen Systems in den Mittelpunkt stellende zweite Aufklärung. Sie enthält, wie die erste, eine Kritik der Religion.[127]

2. Nötig ist die Entfaltung direkter Aktionen, um die Diskussions- und Politikräume der AfD möglichst eng zu machen. Dafür haben die Antifaschisten in Köln ein Beispiel gegeben.

3. Nötig ist eine Konzentration linker Aktivitäten auf die kommunale und betriebliche Ebene mit dem Ziel, dort das Bedürfnis nach kollektiver Selbstermächtigung, nach selbstbestimmtem Handeln der Stadtteile, Dörfer und – in Kollektiveigentum überführten – Betriebe zu wecken; das gilt auch für ihr Streben nach Autonomie gegenüber den staatlichen Instanzen.

4. Darauf aufbauend geht es um die Koordination von Aktionen der Selbstermächtigung durch Bildung von Aktionsräten auf kommunaler, lokaler und betrieblicher Ebene, die, wo immer sich dazu Gelegenheit bietet, die Organisation des Alltags diesseits von Markt und Staat selbst in die

---

126 Der hier auf einen Absatz reduzierte Gedanke ist in dem Artikel des Verfassers »Vergesst die Parlamente«, erschienen in der »Jungen Welt« vom 24. August 2015, ausführlicher entwickelt.
127 Es ist kein Zufall, dass die Unabgeschlossenheit der damaligen Aufklärung nun mit einem erneuten Aufschwung von Religionen aller Art bestraft wird. Auch hier gilt der Satz: Auf eine unvollendete Revolution folgt immer eine vollendete Konterrevolution. Auf die unvollendete Aufklärung von 1789 folgt der (Wieder-)Aufschwung der mordenden Religionen, der seinen Anfang mit dem Scheitern des Revolutionsbogens von 1789/1917 im Jahr 1989 genommen hat.

Hände nehmen. Die Entwicklung dieser Räte als Alternative zum bürgerlichen Parlamentarismus und die aktive Unterstützung, die sie in Abgrenzung zu den ritualisierten Urnengängen finden, wird der Gradmesser für die Bereitschaft der Menschen sein, sich aus dem Gehege von Markt und Staat zu befreien.

5. Perspektivisch folgt eine schrittweise Ausweitung dieser Räume kollektiver Selbstermächtigung, ihre Vernetzung untereinander und, peu à peu, die Ablösung dieser sich zu Kommune-ähnlichen Strukturen entwickelnden Zentren von den nationalen Staatsgebilden und ihren Gesetzen.

Die ökonomischen Voraussetzungen einer solchen Perspektive sind mit den neuen Technologien inzwischen herangereift. Auch in dieser Hinsicht haben wir einen Punkt erreicht, den Marx bereits abstrakt antizipiert hat: »Aber innerhalb der bürgerlichen, auf dem *Tauschwert* beruhenden Gesellschaft erzeugen sich sowohl Verkehrs- als Produktionsverhältnisse, die ebenso viel Minen sind, um sie zu sprengen.«[128] Durch die weltweite Vernetzung des vorhandenen Wissens, die Entwicklung der 3D-Technik, mit der anstelle riesiger Fabriken lokale Betriebe in nicht allzu ferner Zukunft nahezu alle Dinge des täglichen Gebrauchs aus gelieferten Rohstoffen selbst herstellen können, und die Entwicklung der Energietechniken, die es ermöglichen, in den einzelnen Kommunen alle notwendige Energie selbst zu erzeugen, sind Kommunen, von Herrschaftshierarchien einmal abstrahiert, bereits jetzt in der Lage, ohne wesentliche Einbußen alle lebensnotwendigen Dinge selbst zu produzieren. Die kommunale Selbstverwaltung ist damit diesseits von Markt- und unterdrückenden Staatsstrukturen erstmals in der jüngeren Menschheitsgeschichte in den Bereich des ökonomisch Möglichen gerückt.[129] Eine auf diese Möglichkeiten zielende tatsächliche Rebellion gegen die Zumutungen der kapitalistischen Markt- und Staatsmaschine würde der pervertierten Rebellion der AfD und anderer gegen die Zumutungen dieser Maschine den Boden entziehen.

Das, was sich in Griechenland im Kampf gegen das Diktat der Troika und in Rojava im Kampf gegen den Religionsfaschismus, diesem bislang bizzarsten Zerfallsprodukt des globalen Kapitalismus, zu entfalten beginnt,[130] kündigt, wenn kombiniert mit den Möglichkeiten der wissenschaftlich-tech-

---

128 Karl Marx: *Grundrisse der Kritik der politischen Ökonomie*, a.a.O., S. 77.
129 Ausführlicher, als es hier möglich ist, ist das im Kapitel »Minen« des bereits erwähnten Buches *Epochenbruch* dargelegt.
130 Es ist daher befremdlich, wenn in vermeintlicher Abwehr gegen den Aufstieg der AfD jetzt Linke ihr Herz für eine der monotheistischen, also per se intoleranten Religionen entdecken.

nischen Revolution, daher keine Rückkehr in frühere Jahrhunderte an, sondern ist der Vorschein unserer Zukunft, wenn nicht in der ersten, so doch in der zweiten Hälfte des 21. Jahrhunderts. Er könnte es jedenfalls sein.

5.4. Perspektiv(losigkeit)en

Im zweiten Halbjahr 2016 haben die in diesem Buch beschriebenen Kräfte der pervertierten Rebellion weiter an Boden gewonnen. Sie stellen mit Donald Trump nun den amerikanischen Präsidenten, und nur ein Zusammenschluss aller etablierten politischen Kräfte hinter einen grün-alternativen und staatsfrommen Kandidaten hat sie daran hindern können, auch den österreichischen Bundespräsidenten zu stellen. Alle Skandale um antisemitische Äußerungen des Abgeordneten Wolfgang Gedeon beispielsweise aus der Mitte der AfD-Landtagsfraktion in Baden-Württemberg haben nichts genützt: Ungebrochen weisen die Umfragen für diese Partei auch im Frühjahr 2017 für die kommende Bundestagswahl ein zweistelliges Ergebnis aus.

Wichtige Hinweise auf die künftige Rolle der AfD nach der Bundestagswahl 2017 geben aber – jenseits der aktuellen Umfrageergebnisse – gleichwohl die Reaktionen wichtiger Leitmedien auf den erwähnten Streit in Baden-Württemberg. Im Kommentar der »FAZ« vom 22. Juni 2016 (»Meuthens Dilemma«) wird der AfD-Bundessprecher Jörg Meuthen dafür gerügt, dass er sich »zwischen alle Stühle« taktiert habe. Der Kommentar endet mit der Feststellung, dass Meuthens Vorhaben, den Eindruck zu vermitteln, die AfD dulde keinen Antisemitismus in ihren Reihen, gescheitert sei und »jenes Zeichen, das die AfD zum Überleben braucht, (...) wieder in weite Ferne (rückt)«. Diese Position gleicht bis aufs Haar derjenigen der »Jungen Freiheit«, die am 1. Juli 2016 unter der Überschrift »Eine Affäre als Mühlstein« sich Sorgen darum macht, dass ausgerechnet in dem Moment, wo »die AfD zum Sinnbild eines neuen demokratischen Aufbruchs geworden ist«, die »ungelöste Affäre um (...) Wolfgang Gedeon« die Wirkung eines lähmenden Nervengifts entfalten könnte. Und als würde Nervengift allein nicht reichen, wird noch die Vorstellung bemüht, dieses Problem könne die AfD »wie ein Mühlstein in den Abgrund ziehen«.

Die Begründung verdient zitiert zu werden: »Die Aussöhnung zwischen Juden und Nichtjuden, zwischen Deutschland und Israel, die Erinnerung an eine gemeinsame und von den Verbrechen des Dritten Reiches überschattete und dadurch tragisch verwobene Geschichte – sie ist Teil einer deutschen Identität, deren Bewahrung und Verteidigung wir uns verpflichtet sehen müssen. Die AfD muss klarstellen, wie sie sich geschichtsphilosophisch positionieren will. Damit steht und fällt, ob sie als ernstzunehmender Faktor der deutschen Politik überlebt.« Diese Linie – sich den Mühlstein Antisemitismus vom Halse schaffen, um das Gesamtprojekt einer Rechtsverschiebung der Republik zu retten – hat sich in Stuttgart im Sommer 2016 offenbar durchgesetzt. Ob es dabei wirklich um das Überleben der Partei geht, wird sich zeigen – beabsichtigt aber ist mit Sicherheit sowohl von »FAZ« als auch »JF«, die AfD in das parlamentarische Spiel dieser Republik von rechts so zu integrieren, wie das mit den Grünen und der PdL von links gelungen ist, also im Verein mit einer politisch abermals verschobenen CDU/CSU die Koordinaten deutlich nach rechts zu rücken. Vor allem aber ist die AfD die Partei der atomaren Bewaffnung Deutschlands; sie wird daher dringend gebraucht für die nach dem Wahlsieg Trumps anlaufenden Debatten um die neue, dann auch über Kernwaffen verfügende und »mehr Verantwortung« übernehmende Weltmacht Deutschland.

Im Ergebnis offenbart auch der Konflikt in Baden-Württemberg das Kalkül, durch inszenierten Streit die Räume für vorher tabuisierte Positionen zu öffnen – bis hin zu antisemitischen Einstellungen, die in der Regel zunächst als antizionistische »Kritik« verkleidet Eintritt in die öffentliche Diskussion in Deutschland verlangen.[131] Wahrscheinlich ist richtig, was die »Welt« hinsichtlich solcher, nunja: programmatischen Fragen oder den parteiinternen Erwägungen, wer welche Positionen in der AfD bekleidet, am 17. Juni 2016 angemerkt hat: dass »ihren Anhängern ziemlich egal ist, wer oben auf der Liste steht«. Angesichts der in diesem Buch beschriebenen gesellschaftlichen Verwerfungen sind Personen wie Positionen dieser Partei in hohem Maße auswechselbar. Auch eine weitere Faschisierung würde den Aufstieg der AfD wohl nicht bremsen. Das macht deutlich, dass es uns heute auch um Zeitgewinne gehen muss – in gewisser Weise befinden wir uns in einem Wettlauf mit den an solchen Erscheinungen wie der AfD sichtbar stärker werdenden Destruktionskräften des Kapitalismus, weshalb sich die Hoffnung auf eine Abwehr des weiteren Aufstiegs auch dieser Partei jedenfalls kurzfristig vor allem aus zwei Quellen speist.

Zum einen wird sich selbst dann, wenn sich ihre führenden Repräsentanten zusammenraufen sollten, der immanente Widerspruch dieser Organisation mit ihrem weiteren Erfolg immer deutlicher ausprägen: Sie präsentiert sich als Partei gegen das System, will aber ausweislich ihres Programms

---

131 So argumentierte auch Gedeon, er sei kein Antisemit, wohl aber »dezidierter Antizionist«, der beispielsweise die Siedlungspolitik Israels scharf kritisiere – siehe »Welt«, 8. Juni 2016.

und des Strebens ihres Führungspersonals Teil dieses Systems werden und dessen Koordinaten deutschnational und repressiv verschieben. Opponent des Systems und Teil des Systems – das wird sich auf Dauer nicht durchhalten lassen. Schon jetzt ist die AfD infolge der Menge ihrer Mandatsträger/innen und ausweislich vieler ihrer Funktionäre, die im Staatsdienst – insbesondere im Schul- und Hochschulbereich – tätig sind, mehr Staatspartei als andere, die von ihr bekämpft werden. Damit erlischt tendenziell ihre Fähigkeit, Systemskepsis und -ablehnung zu bündeln. Es ist nicht ausgeschlossen, dass sie damit, wie von der NPD erhofft, Türöffner für noch radikalere nationaldemagogische Kräfte wird.

Vor allem aber, und dies zum zweiten, ist das Programm der AfD ohne jede Perspektive. So wenig wie die entwickelten Nationalstaaten im Hochkapitalismus und die heutigen kontinentalen staatlichen Machtakkumulationen im US-, EU- und chinesischen Raum irgend etwas gegen das Erlahmen der inneren Antriebskräfte der kapitalistischen Akkumulation tun können, so wenig ist die Rückkehr zu den Nationalstaaten des 19. und 20. Jahrhunderts ein Mittel zur Linderung der unvermeidlichen Alterungsprozesse dieser historisch überlebten Produktions- und Reproduktionsweise.[132] Vielleicht ist es ja gerade die Ahnung der eigenen Perspektivlosigkeit, die Politiker wie Nigel Farage erst loslegen, dann aber kneifen lässt.

Allerdings wird die innere Perspektivlosigkeit nicht ausreichen, um dem Zusammenbruch der Tauschwirtschaft seine katastrophalen Effekte zu nehmen. Aus marxistischer Sicht ist Zusammenbruch nur denkbar als Übergang zum Sozialismus und Kommunismus – oder eben als »gemeinsamer Untergang der kämpfenden Klassen«, wie es im *Kommunistischen Manifest* heißt.

Welche dieser Möglichkeiten sich in den entwickelten kapitalistischen Ländern, in denen diese Entscheidung im wesentlichen fallen wird, herausbildet, hängt auch davon ab, ob es der Linken endlich gelingt, selbst Hauptanziehungspunkt für grundsätzliche Systemkritik zu werden, oder ob sie weiter als denen da oben zugehörig betrachtet und abgeschrieben wird. Ob eine der bestehenden linken Organisationen diese Rolle wahrnehmen kann oder ob sich eine solche die Aktivitäten vor Ort koordinierende Kraft erst noch herauskristallisiert, wird die Zukunft zeigen. ●

---

132 Das gilt übrigens auch für manche in der Partei Die Linke, die der Illusion anhängen, eine Stärkung des Nationalstaats gegenüber der EU würde irgend etwas gegen die heraufziehende finale Krise des Systems (oder auch nur gegen den weiteren Erfolg der Rechtsparteien) ausrichten können.